Daniel Bormuth

Perlen
AUS DEM
SCHATZ
DER BIBEL

52 geistliche Impulse

Über den Autor:
Dr. Daniel Bormuth ist Pfarrer aus Leidenschaft. Neben seinem übergemeindlichen Engagement für die Weiterbildung der Lektorinnen und Lektoren in der Landeskirche Kurhessen-Waldeck liegt dem Theologen besonders die Arbeit mit Kindern und Jugendlichen am Herzen. Er ist 49 Jahre alt und lebt mit seiner Frau und drei Kindern in Bad Sooden-Allendorf. Die Liebe zur Bibel wurde ihm schon in seiner Kindheit ins Herz gelegt.

Für Bettina

Bibliografische Information der Deutschen Nationalbibliothek
Die Deutsche Nationalbibliothek verzeichnet diese Publikation in der Deutschen Nationalbibliografie; detaillierte bibliografische Daten sind im Internet über http://dnb.dnb.de abrufbar.

ISBN 978-3-96362-294-6
© 2022 by Francke-Buch GmbH
35037 Marburg an der Lahn
Umschlagbilder: © iStockphoto.com / triocean; John-Kelly
© shutterstock / Romolo Tavani
Umschlaggestaltung: Francke-Buch GmbH / Marion Schramm
Satz: Francke-Buch GmbH
Printed in Czech Republic

www.francke-buch.de

Inhaltsverzeichnis

VORWORT

Liebe Leserinnen und Leser,

mit dem überraschenden Fund einer kostbaren Perle auf dem Markt vergleicht Jesus einmal die Entdeckung des Himmelreichs. Der glückliche Händler ist von ihr so überwältigt, dass er ohne zu zögern seinen ganzen Besitz veräußert, um dieses einzigartige Kleinod zu erwerben (Matthäus 13,45f). So empfinden es Menschen bis heute, wenn sie unverhofft auf die wunderbare Herrschaft göttlicher Güte und Großzügigkeit in ihrem Leben stoßen. Zu eben solcher Finderfreude möchte auch dieses Andachtsbuch beitragen. Anhand ausgewählter Bibelverse und -abschnitte möchte es unseren Blick freilegen für die unvergleichliche Kostbarkeit unseres Gottes.

Dabei bemüht sich die Auswahl darum, den vielseitigen, teils auch sperrigen und widersprüchlichen Glaubenserfahrungen Rechnung zu tragen und für sie sprechende Beispiele aus dem reichen Schatz beider Testamente aufzutun. Es empfiehlt sich, die einzelnen Andachten und die sie jeweils vertiefenden Fragen wochenweise zu lesen. Wer sich so die entsprechende Zeit nimmt, kann die einzelnen geistlichen Impulse anhaltender auf sich wirken lassen und das kräftige Aroma biblischer Worte noch intensiver schmecken.

Ganz herzlich danken möchte ich Hannelore Mann, die meine Andachten sorgfältig gelesen und redigiert hat, um mich zugleich in meinem Bemühen immer wieder zu bestärken und zu ermutigen. Auch dem Lektorat des Francke-Buch Verlags danke ich für die Aufnahme meines Manuskripts in sein Programm. Gewidmet ist es meiner Frau Bettina. Mit ihr ist mir ein Mensch geschenkt worden, der nach biblischem Zeugnis sogar noch »viel edler als die köstlichsten Perlen« ist (Sprüche 31,10).

Bad Sooden-Allendorf, im Frühjahr 2022
Daniel Bormuth

1

Mach dir's leichter!

2. MOSE 18,13-27

»SO MACH DIR'S LEICHTER UND LASS SIE MIT DIR TRAGEN.«

Kaum zu glauben, aber dieser Satz findet sich nicht nur in einem der vielen praktischen Ratgeber zur Lebensgestaltung, nein, er ist biblischen Ursprungs. »Mach dir's leichter!« – so steht's geschrieben (2. Mose 18,22), können wir mit Fug und Recht sagen. Gesprochen hat ihn Jethro, der Schwiegervater des Mose, ein Mann mit feiner Beobachtungsgabe und noch dazu mit praktikablen Lösungsvorschlägen. Als er Mose auf dem Weg ins Gelobte Land besucht, stellt er verwundert und entsetzt fest, wie hoffnungslos überlastet dieser ist. Von früh bis spät gehen die Israeliten bei ihm ein und aus, jeder mit seinem Anliegen und der Erwartung, dass Mose es ganz allein richten wird. Jethro schüttelt darüber nur den Kopf und urteilt: »Es ist nicht gut, wie du das tust. Du machst dich zu müde, dazu auch das Volk, das mit dir ist« (V. 18). Indem sich

Mose also mit dieser großen Verantwortung übernimmt, schadet er nicht nur sich selbst und seiner Gesundheit, sondern auch dem Volk, das zu ihm strömt. Ohne ausreichend Kraft, Zeit und Muße wird er ihm nicht mehr gerecht werden und es nicht angemessen führen können. Ein Therapeut, bei dem sich Tag für Tag die Klienten nur so die Klinke in die Hand geben, stößt schnell an seine Grenzen, weil sich seine Patienten von ihm nicht mehr ordentlich beraten fühlen.

Guter Rat ist in diesem Fall aber nicht teuer, sondern gleich zur Hand. Jethro empfiehlt seinem Schwiegersohn, die vielen alltäglichen Anfragen und Konflikte an Älteste aus dem Volk zu delegieren und sich selbst nur noch auf seine eigentliche Führungsaufgabe zu konzentrieren, sich also auf das Nötigste und Wesentliche zu beschränken: »Mach dir's leichter und lass sie mit dir tragen!«, gibt er ihm zu bedenken.

Und Mose? Er ist nicht beratungsresistent, eigenwillig oder starrsinnig. Er hört auf seinen Schwiegervater. Er braucht Hilfe und einen, der ihm dafür zu allererst die Augen öffnet. Und so lässt er sich auch helfen. Er teilt und gibt Verantwortung ab und macht es sich auf diese Weise leichter. Anders hätten er und das Volk den langen Weg durch die Wüste ins Gelobte Land vermutlich nicht bewältigt.

Vielleicht liest der eine oder die andere diese Sätze ganz bewusst zum Jahresbeginn. Ist der Rat des Jethro nicht ein wunderbarer Auftakt für die Tage, die nun kommen? Und wenn mir die Erfahrung zu bedenken gibt, dass es mir bisher noch nie gelungen ist, länger als ein paar Tage an guten Vorsätzen festzuhalten? Um dem eigenen Leben eine neue Richtung zu geben, dafür ist es nie zu spät.

Impulsfragen:

- Was hindert mich daran, übermäßige Verantwortung abzugeben und es mir leichter zu machen?

- Wer kann mein Jethro sein, der mich kennt und lebensklug berät?

- Wer braucht meinen liebevollen Blick über die Schulter?

Gebet:

Lieber Herr und Vater,
ich bitte dich:
Öffne mir die Augen, dass ich erkenne,
wo ich mir zu viel aufbürde.
Gib mir die Freiheit, loszulassen und abzugeben;
und schenke mir Menschen, die bereit sind,
meine Lasten mit mir zu tragen.
Amen.

2

Unglaublich

MARKUS 9,14-29

»… HILF MEINEM UNGLAUBEN!«

Frisch in seiner Gemeinde angekommen, bemüht sich der neue Pfarrer darum, einen Kindergottesdienst ins Leben zu rufen. Denn die Arbeit mit den Kleinsten liegt ihm besonders am Herzen. Doch sein Engagement stößt auf breite Skepsis. Frustriert entgegnet ihm ein engagiertes Gemeindeglied: »Wir freuen uns über Ihren Elan und Ihre Bereitschaft, aber wir fürchten, dass all das doch nur vergebliche Liebesmüh ist. Schon Ihre Vorgängerin hat dies aus voller Überzeugung und mit großer Ausdauer versucht, aber nichts ist geschehen. Die Kinder haben einfach zu viel Programm und die Eltern andere Prioritäten. Das war so, und das ist so, und das bleibt so!«

Der Geistliche schluckt erst einmal gehörig. Mit einer solch ernüchternden Reaktion hat er nicht gerechnet. Doch dann kontert er schlagfertig und keck: »Der erste und der zweite Satz stimmen, aber der dritte ist Unglaube!«

Recht hat er. Woher nehmen wir denn die Gewissheit, dass sich nichts ändert, sondern alles so bleibt, wie es ist? Wer sagt uns das? Allzu leicht verwechseln wir unsere bisherigen deprimierenden Erfahrungen mitsamt den Schlussfolgerungen, die wir aus ihnen ziehen, mit dem, was wir vorfinden. Dabei bietet doch jede Situation die einmalige Gelegenheit des Wandels. Nicht zufällig lautet das erste Wort, das Gott in der Heiligen Schrift spricht: »Es werde!« (1. Mose 1,3). Unglaube ist es daher, wenn wir nur noch unsere Sicht der Dinge gelten lassen, von Gottes Handeln aber nichts mehr erwarten.

»Ja, was sollen wir denn machen? Wir haben doch schon alles versucht?«, beharrt das Gemeindeglied dem Geistlichen gegenüber. »Wir können gar nichts machen, außer unsere Hände in den Schoß legen und beten«, erwidert dieser. Und das tun sie schließlich. Die Eltern und die Kinder, auch die Gemeinde mit ihren Mitarbeitenden nehmen sie ins Gebet, bringen sie vor Gott. Und was sich daraufhin ändert, ist zunächst ihr Blick. Er weitet sich, wird offen für die Möglichkeiten dessen, der mit Jesu Worten »nicht ein Gott der Toten, sondern der Lebenden« (Markus 12,27) ist. Mit dieser neuen Perspektive geht bereits etwas von der Saat ihres Betens auf. Überrascht entdecken sie die tiefe Wahrheit des jüdischen Sprichworts: »Wer nicht an Wunder glaubt, ist kein Realist.« Ihrem Unglauben wird so geholfen. Er verwandelt sich in ungläubiges Staunen darüber, dass es schließlich nicht so bleibt, wie es gewesen ist – bei ihnen selbst und in ihrem Kindergottesdienst.

Impulsfragen:

- Unter welchen frustrierenden Erfahrungen, dass sich scheinbar nichts tut, leide ich?

- Wo spüre ich dann bei mir die engen Grenzen eigener Erwartungslosigkeit?

- Wie kann der Notschrei: »Hilf meinem Unglauben!« zu meinem werden?

Gebet:

Herr Jesus Christus,
dir bringe ich meine engen Grenzen, meine kurze Sicht:
Wandle sie in Weite.
Ich sehne mich danach zu glauben.
Und darum rufe ich zu dir: Hilf meinem Unglauben!
Amen.

3

Reden ist Silber

JAKOBUS 3,1-12

»… DAS UNRUHIGE ÜBEL, VOLL TÖDLICHEN GIFTES …«

Kleine Preisfrage: Wen oder was meint der Verfasser des Jakobusbriefes mit dieser Bezeichnung? Bibelkundige wissen es wahrscheinlich auf Anhieb, aber auch diejenigen, die mit der Heiligen Schrift wenig vertraut sind, können es sich vielleicht denken. Es ist die Zunge. Dabei verdanken wir diesem Organ eine wunderbare, ja einzigartige menschliche Begabung: das Sprechen. Kein anderes Lebewesen vermag solch eine Vielzahl an Wörtern zu formen, Tiere können allenfalls Geräusche oder Laute von sich geben, weit entfernt von den unendlichen Variationsmöglichkeiten menschlicher Sprache. Mit unserer Zunge können wir uns verständigen, grüßen, Komplimente machen, singen; mit ihr loben wir auch Gott. Sie lädt uns ein zum Staunen über die Weisheit unseres Schöpfers.

All dessen eingedenk bezeichnet sie der Jakobusbrief dennoch drastisch als »das unruhige Übel, voll tödlichen Giftes«. Denn wie schnell und leicht gehen uns auch ganz andere Worte über die Lippen: unbedachte und überflüssige, beleidigende und verletzende. Wie oft hätten wir doch besser geschwiegen oder uns auf die Zunge gebissen, wie es unsere Sprache treffend ausdrückt! Doch was einmal ausgesprochen ist, entfaltet unaufhaltsam seine verheerende, ja seine tödliche Wirkung. Nicht zufällig reden wir im Deutschen vom Rufmord. Dass wir in letzter Konsequenz vor Gott für alles verantwortlich sind, was uns auf der Zunge liegt und durch sie unseren Mund verlässt, schärft uns Jesus ein: »Ich sage euch aber, dass die Menschen Rechenschaft geben müssen am Tage des Gerichts von jedem nichtsnutzigen Wort, das sie geredet haben« (Matthäus 12,36). Wie beschämend wird unser Rechenschaftsbericht dann ausfallen? Und was kann uns davor bewahren?

Der griechische Philosoph Sokrates gibt einen klugen Rat, wie wir unsere Zunge im Zaum halten können. Bevor wir etwas über andere sagen, sollen wir uns zunächst fragen, ob es wahr, förderlich und nötig zu wissen ist, was wir jetzt von uns geben. Erst wenn unsere Worte durch dieses dreifache Sieb gefallen sind, sollen wir sie aussprechen. Der evangelische Theologe Dietrich Bonhoeffer hat für eine christliche Gemeinschaft sogar die strenge Regel aufgestellt, dass in Abwesenheit des Betreffenden gar nicht über diesen geredet werden darf.

Als ich einmal im Gespräch über einen anderen die gängige Redewendung gebrauchte: »Ich will ja nichts sagen, ABER …«, fiel mir mein Gegenüber abrupt ins Wort und entgegnete: »Dann lassen Sie es bitte auch und sagen jetzt einfach nichts!« Und es war besser so. Das dreifache Sieb hätten meine Worte bestimmt nicht passiert.

IMPULSFRAGEN:

- Wo bin ich selbst durch die Worte anderer getroffen worden?

- Was bewahrt mich vor schnellem, gedankenlosem Gerede?

- Wie werden meine Worte wahrhaftig und bauen andere auf?

GEBET:

Lieber himmlischer Vater,
ich danke dir, dass du mir eine Zunge
zum Reden geschenkt hast.
Hilf mir, achtsam mit ihr umzugehen,
zu schweigen, wenn ich schweigen soll,
und zu reden, wenn ein klares Wort vonnöten ist.
Amen.

4

(K)eine ruhige Minute

MARKUS 6,30-32

»GEHT IHR ALLEIN AN EINE EINSAME STÄTTE UND RUHT EIN WENIG.«

Diesen dringlichen Rat erteilt Jesus seinen Jüngern, nachdem sie ihm von ihren zahlreichen Verkündigungsaufgaben und Heilungstaten berichtet hatten. Jesus, den sie ehrfurchtsvoll Rabbi, also Lehrer oder Meister, nennen, entpuppt sich in dieser Szene auch als ein solcher: ein Lehrer freundlicher Behutsamkeit, ein Meister umsichtiger Menschenführung. Er weiß, wie kräftezehrend die Arbeit seiner Jünger gewesen ist, und er sieht, dass der Strom Hilfesuchender und Bedürftiger seit ihrer Rückkehr nicht abreißt, sondern vielmehr noch zunimmt. Modernen Stress und Termindruck vorwegnehmend notiert der Evangelist Markus angesichts des nicht enden wollenden Andrangs: »Sie hatten nicht Zeit genug zum Essen« (V. 31c).

Das soll und darf kein Dauerzustand werden, weiß Jesus, der seine Jünger nicht überstrapazieren möchte. Dass sie sich völlig verausgaben, und sei es um anderen zu helfen, daran liegt ihm nicht. Es widerspräche dem Kern seiner Sendung, die Jesus selbst mit dem griechischen Wort »Evangelium« bezeichnet. Eine froh- und freimachende Botschaft gilt es zu verkündigen, nicht eine Hochleistungsreligion.

Und der Meister selbst geht mit gutem Beispiel voran. Es stimmt daher nicht, was von mancher Kanzel zu hören ist: Jesus sei stets für alle da gewesen und habe jeder und jedem immer geholfen: eine gewiss gut gemeinte, aber völlig kurzsichtige Einschätzung, die mehr über die Einstellung des Predigers als über die Realität des Wirkens Jesu verrät. Übereinstimmend berichten die Evangelien davon, dass sich Jesus häufig bewusst zum Beten in die Einsamkeit zurückgezogen hat (Markus 1,35; Lukas 6,12). Die ungestörte Nähe zu Gott, das absichtslose Verweilen in seiner Gegenwart ist ihm nicht weniger wichtig als die Zuwendung zu den Menschen mit ihren Nöten. Zeiten, in denen Jesus und die Seinen vor lauter Anfragen nicht einmal zum Essen kommen, zieht er Zeiten völliger Ruhe und Alleinseins keineswegs vor.

Beides muss seinen Platz und seinen Raum haben: die Aktion wie die Kontemplation. Wer aber angesichts einer Fülle an Aufgaben und langer To-do-Listen meint, auf Betrachtung und Muße verzichten zu müssen, spart an der falschen Stelle. Er nimmt – mit Jesu Worten – nicht nur unvermeidlich »Schaden an *seiner* Seele« (Markus 8,36), sondern auch die seiner Mitmenschen wird kaum Freude an ihm haben. Der erfahrene Geistliche Bernhard von Clairvaux fragt einmal seinen viel beschäftigten Oberen: »Wie lange noch schenkst du allen anderen deine Aufmerksamkeit, nur nicht dir selbst? Ja, wer mit sich schlecht umgeht, wem kann der gut sein?«

IMPULSFRAGEN:

- Wo erlebe ich dauerhaft Zeit- und Termindruck?

- Was hindert mich daran, mich davon loszusagen?

- Wie kann ich die freundliche Aufforderung Jesu: »Geht ihr allein an eine einsame Stätte und ruht ein wenig!« in meinem Alltag umsetzen?

GEBET:

Barmherziger Vater,
du willst, dass sich deine Kinder Zeit nehmen,
sich an dir und deiner Güte zu freuen.
Gib mir den Mut zu einem Lebensstil,
der sich konsequent danach ausrichtet.
Amen.

5

Zuschauen

2. MOSE 14,1-14

»DER HERR WIRD FÜR EUCH STREITEN,
UND IHR WERDET STILLE SEIN.«

Die Freude über die geglückte Flucht aus Ägypten währt bei
den Israeliten nicht lange. Der Pharao bereut schnell, dass er das
Volk ziehen ließ, und jagt ihm mit seinem mächtigen Heer hinterher. Und das Volk Israel sitzt nun in der Falle. Vor ihm türmt
sich das Rote Meer auf, hinter ihm sieht man schon die Staub-
wolken, welche die ägyptischen Streitwagen aufwirbeln. Kein
Vor und kein Zurück mehr. Jetzt schlägt die Stunde der Defä-
tisten, also derjenigen, die es immer schon gewusst haben, dass
der Aufbruch nicht gelingen würde und sie besser in Ägypten
geblieben wären. »Niemals!«; »Ausgeschlossen«; »Auf gar keinen Fall!« – das sind ihre Lieblingsvokabeln, echte Wortkiller,
die jede Regung im Keim ersticken.

Und Mose, der Anführer des Volkes, an dem sich die ganze Wut und Verzweiflung entlädt? Er gebietet dem Volk, sich nicht zu fürchten, sondern gelassen abzuwarten und zuzusehen, was geschehen wird, nichts weiter. Und dass er es so meint, wie er es sagt, unterstreicht und begründet er mit seiner Mahnung: »Der HERR wird für euch streiten, und ihr werdet stille sein.« Das hebräische Wort, das Luther mit »stille sein« übersetzt, meint dabei eigentlich »nichts tun«, »untätig sein«. Zum tatenlosen Zuschauen sind die Israeliten allerdings nicht verdammt, sondern vielmehr befreit. In einem tieferen Sinne sind sie in den Ruhestand versetzt.

Dieser Zustand fällt uns allerdings erfahrungsgemäß schwer. Wir mischen lieber mit und scheuen uns davor, die Dinge völlig aus der Hand zu geben und sie Gott zu überlassen. Dabei ist er es doch, der nach Moses Worten für uns streitet. Und er tut es am liebsten und – vor allem – am besten ungestört, ohne unsere ebenso gut gemeinte wie angstbesetzte Hilfsbereitschaft. Denn offenbar gibt es Situationen, die unsere Kräfte übersteigen; Probleme, an denen wir ewigen Macher und Tatmenschen uns nur unnötig aufreiben. Manches muss und kann nur von allein, ohne unser Zutun und unsere Mitarbeit geschehen. Nicht immer ist unsere Kooperation gefragt und zielführend. Viele Türen öffnen sich von außen ganz ohne unser Anklopfen, manche Wunden heilen von selbst, Wachstum geschieht von allein, Wunder widerfahren uns überraschend.

Dann bleibt uns wie den Israeliten im positiven Sinne nur das Nachsehen. Staunend schauen wir auf das zurück, was Gott getan hat. Da gibt es plötzlich doch einen Weg, obwohl alles ausweglos erscheint: ein Weg mitten durch das Meer, unerreichbar für unsere Verfolger. Der Himmel hält eben doch manchmal Möglichkeiten bereit, mit denen wir niemals gerechnet haben.

Impulsfragen:

- Kenne ich solche Stimmen, die jede Aussicht auf eine Wende kategorisch ausschließen? Wenn ja, woher kommen sie?

- Erinnere ich mich an wunderbare Begebenheiten, in denen sich trotz aller scheinbarer Ausweglosigkeit Türen öffneten?

- Welche Situationen verlangen von mir, stille zu sein und nichts aus eigener Kraft zu tun?

Gebet:

Allmächtiger Gott und Vater,
dir bringe ich meine ungelösten Probleme
und aussichtslosen Nöte:
Hilf mir, dir allein zu vertrauen,
standfest zu bleiben und dich handeln zu lassen.
Ich danke dir, dass du so gerne hilfst.
Amen.

6

Lieblingsort

1. KÖNIGE 8,12

»… IM DUNKEL WOHNEN.«

Einmal bezog ich als Student ein Zimmer im Souterrain eines Hauses. Nur wenig Tageslicht drang hinein, stets war es feucht und kühl und beim Blick nach draußen nahm ich unweigerlich die Maulwurfsperspektive ein. »Einmal und nie wieder!«, schwor ich mir danach. Im Dunkel oder Halbdunkel wohnt niemand gern freiwillig auf Dauer. Wer es sich leisten kann, den zieht es in obere Stockwerke, in denen nicht jeder Sonnenstrahl eine seltene Ausnahme ist.

Die Sehnsucht nach Helligkeit ist für uns Menschen natürlich. Sie gibt zugleich unserer ganzen Lebensorientierung eine feste Richtung vor: nach oben, dorthin, wo die Lichtgestalten beheimatet sind, die Strahlemänner und -frauen, die auf der Sonnenseite stehen. Wie viel Kraft und Mühe verwenden Menschen darauf, diesem vorzeigenswerten Ideal zu entsprechen!

Im Bild gesprochen: wie gerne führen wir unserem Besuch unser helles Wohnzimmer oder unser blitzblank geputztes Esszimmer mit dem neuen Mobiliar vor. Ich kann mich nicht daran erinnern, dass mich ein Gastgeber jemals bewusst in seinen Keller geführt oder den großen Vorhang vor der Abstellkammer demonstrativ aufgezogen hätte. Was nicht repräsentativ ist, bleibt besser ungesehen oder wird kaschiert. Profilbilder werden bearbeitet, Lebensläufe aufgehübscht, krankheitsbedingte Einschränkungen verschwiegen, eigenes Versäumen und Versagen entschuldigt, kostspielige Anschaffungen als Statussymbole getätigt.

Und Gott? Wohin zieht es ihn? Im sogenannten Tempelweihgebet Salomos spricht der König über ihn: »Die Sonne hat der HERR an den Himmel gestellt; er hat aber gesagt, er wolle im Dunkel wohnen.« Ausgerechnet der Schöpfer des Lichtes selbst bevorzugt das Dunkle und Ungemütliche. Dabei ist er bestimmt kein lichtscheues Wesen, das Helligkeit und Klarheit zu fürchten hätte. Im Gegensatz zu uns Menschen tut er es vielmehr freiwillig und ganz bewusst. Denn da, wo alles schon makellos glänzt, kann das Licht seiner Liebe nur herzlich wenig ausrichten. Dafür aber strahlt es umso heller und freundlicher in unseren Souterraingeschossen und Kellerräumen, Abstellkammern oder staubigen Dachböden. Hier, gerade hier will er nicht nur einen flüchtigen Blick hineinwerfen, um sich angeekelt schnell wieder in hellere Gefilde zu begeben. Hier will er tatsächlich einziehen und zwar nicht nur zur Zwischenmiete, sondern dauerhaft: der menschgewordene Gott, dessen Leben im Viehstall seinen Anfang nahm und am Kreuz endete. »Gott will im Dunkel wohnen und hat es doch erhellt«, dichtet Jochen Klepper in seinem bekannten Adventslied in Anlehnung an das Gebet Salomos. Lassen wir ihm seinen Willen und machen mit ihm eine Wohnungsführung, die seiner, nicht unserer Vorliebe entgegenkommt.

Impulsfragen:

- Welche Räume meines Lebenshauses verberge ich am liebsten?

- »Gott wohnt, wo man ihn einlässt«, sagt ein russisches Sprichwort. Wo möchte ich ihn gerne einlassen?

- Wie kann ich dabei eigene Widerstände überwinden?

Gebet:

Freundlicher Gott,
komm dorthin, wo es dunkel bei mir ist,
und mach es endlich hell.
Deine Gegenwart ist es, die ich brauche und suche.
Amen.

7

Erbsenzählerei

PSALM 103,1-22

»… UND VERGISS NICHT, WAS ER DIR GUTES GETAN HAT.«

Abends greift er tief in die breite Tasche seiner Arbeitshose und holt aus ihr eine ganze Handvoll Erbsen hervor. Sorgsam breitet er sie auf dem Tisch aus, betrachtet jede einzelne in Ruhe, bevor er sie an die andere Seite der Tischkante legt. Jeden Tag die gleiche Prozedur, die seine Frau schließlich verwundert fragen lässt: »Was soll diese Erbsenzählerei?«

»Sie dient mir als Gedächtnisstütze«, antwortet ihr der Bauer. »Morgens schütte ich sie alle in meine rechte Hosentasche und lasse dann bei jeder guten Begebenheit eine davon in die andere fallen. Am Ende des Tages rufe ich mir diese glücklichen Momente Erbse für Erbse in Erinnerung und spreche mein Gebet. Je länger ich dies tue, umso mehr sehe und entdecke ich, worüber es sich zu staunen lohnt. Beinahe täglich vergrößert sich die Anzahl meiner Erbsen in der linken Hosentasche.«

Über eine solch anrührende wie praktisch einfach umsetzbare Erinnerungshilfe kann ich ebenfalls nur staunen. Hier übt sich jemand endlich darin, wach und aufgeweckt durch den Tag zu gehen. Hier wendet einer beeindruckend konsequent ein probates Heilmittel gegen die eigene Kurzsichtigkeit an, welche die vielen kleinen Zeichen göttlicher Freundlichkeit leicht übersieht. Solche Sehhilfen und Gedächtnisstützen sind unverzichtbar gegen unsere sich so schnell einschleichende geistliche Demenz. »… und vergiss nicht, was er dir Gutes getan hat«, ruft sich der Beter des 103. Psalms selbst mahnend in Erinnerung, worauf es ankommt.

All das, was wir nicht haben und was uns fehlt, das vergessen wir dagegen oft nicht. Unser Gedächtnis für das Negative und den Mangel funktioniert in der Regel einwandfrei. Das unzählige Gute, gerade weil es unseren Tag häufig so still und unaufgeregt, ja beinahe selbstverständlich begleitet, nehmen wir stattdessen wie den Wald vor lauter Bäumen kaum mehr wahr: gesundes Erwachen am Morgen, fröhliche Vogelstimmen, lachende Kinder, eine freundliche Verkäuferin, einen kleinen Gang an der frischen Luft, einen Sonnenstrahl, frisches Brot …

Unser Landwirt hat für jede dieser unauffälligen Kostbarkeiten eine Erbse in der Tasche und ein kurzes Gebet auf den Lippen. So schließt sich bei ihm der Kreislauf von Geben, Empfangen und Danken. Es bleibt nicht folgenlos, wenn wir diesen unterbrechen. Dabei leidet nicht Gott Schaden, wenn wir ihm unser Lob schuldig bleiben. Der Schöpfer aller Dinge ist nicht wie wir auf die Anerkennung seiner Großzügigkeit angewiesen. Aber uns bekommt es auf Dauer schlecht, wenn wir vergesslich werden und Gott darum unseren Lobpreis verweigern.

»Loben zieht nach oben!« – sagt eine Redensart. Uns zieht es nach oben, weitet unseren Blick und lässt uns innerlich und äußerlich gesunden. Gott ist gewiss kein Erbsenzähler, der kleinlich darauf achtet, dass wir auf jede seiner Wohltaten angemessen antworten. Aber wir sollten es sein, ihm zur Ehre und uns zugute.

Impulsfragen:

- Welche Zeichen himmlischer Güte möchte ich neu entdecken?

- Was kann mir dabei helfen, an ihrer Fülle nicht achtlos vorüberzugehen?

- Welche Formen des Lobens möchte ich gerne verinnerlichen?

Gebet:

Wunderbarer Schöpfer,
die Erde ist erfüllt mit deiner Güte.
Lehre mich, sie zu sehen und dir dafür zu danken.
Amen.

8

Mit leichtem Gepäck

MATTHÄUS 11,25-30

»… UND MEINE LAST IST LEICHT.«

Einmal unternahm ich eine Fahrradtour, die mich bis nach Südschweden führte. Vergleichsweise gut trainiert, wie ich war, wunderte ich mich, dass es dennoch nur so mühsam voranging und ich schnell schwere Beine bekam. Am Etappenziel endlich angelangt, nahm mein Mitfahrer meine neuen Gepäcktaschen in Augenschein und stellte sie auf die Waage. Auf stolze 18 kg brachten sie es. Mein Kompagnon hatte dagegen nur das Nötigste mitgenommen, sogar den Griff seiner Zahnbürste hatte er noch eigenhändig gekürzt, um Gewicht zu sparen. Denn er wusste: Bei langen Touren zählt jedes Gramm. Diese schmerzliche Erfahrung half mir, mich künftig heilsam zu beschränken. Seitdem achte ich darauf, was entbehrlich ist, und lasse es draußen. Dabei ist die Entscheidung nicht leicht: die modernen Taschen und Rucksäcke verleiten dazu, sich das Reisen im wahrsten Sinne des Wortes schwer zu machen. Wer

will ein so hohes Stauvolumen von 60-80 Litern nicht voll aus-
nutzen!

Dieses lebenspraktische Beispiel ist häufig auch ein Spiegel-
bild davon, mit wie viel Gepäck wir sonst im Leben unterwegs
sind und uns belasten. Lange To-do-Listen tragen wir vor uns
her; unsere Pflichten halten wir hoch; unsere Ziele sind am-
bitioniert; für wen oder was fühlen wir uns alles zuständig
und unterscheiden nicht mehr zwischen wirklicher und selbst
angemaßter Verantwortung; unser Versagen und Versäumen
bedrücken uns; die Sorge vor der Zukunft beschwert unseren
Weg. Und eigentümlicherweise satteln wir lieber noch drauf,
als ein Päckchen abzugeben, machen uns das Leben lieber
schwerer als leichter. »In diesem Monat habe ich keinen einzigen Abendtermin mehr frei, eine Ausschusssitzung jagt die
andere«, klagte mir eine Frau, deren heimlicher Stolz auf ihr
hohes Engagement dennoch deutlich herauszuhören war.

Jesus weist uns einen anderen Weg. Im bewussten Gegensatz zu
den Religionsgelehrten seiner Zeit, deren Kennzeichen er darin
sah, den Gläubigen »schwere und unerträgliche Bürden« aufzu-
erlegen, indem sie sie mit einer Fülle von Vorschriften konfron-
tierten (vgl. Matthäus 23,1ff), betont er, dass seine Last leicht
ist. Darum ruft er ganz gezielt diejenigen zu sich, die »mühselig
und beladen« sind, erschöpft von einem leistungsorientierten,
anspruchsvollen Lebens- und Glaubensstil. Sie will er »erqui-
cken«, wörtlich: ihnen eine Pause verschaffen. Bei ihm können
sie aufatmen, indem sie wie bei jeder anständigen Rast Lasten
ablegen. Im Gespräch mit ihm geht uns auf, welche Aufgaben
nötig und welche entbehrlich sind. Auch vergangene Schuld lasse ich in seiner Gegenwart los. Er weiß selbst mit ihr noch etwas
anzufangen und kann sie in Segen wandeln. Mein unbekanntes
Morgen lasse ich seine Sorge sein. Ihn belastet es im Gegensatz
zu mir nicht. Beschränken wir uns also heilsam.

IMPULSFRAGEN:

- Unter welchen Lasten leide ich?

- Was möchte oder muss ich abgeben?

- Wer kann mir dabei helfen und mich beraten?

GEBET:

Herr Jesus Christus,
du lädst uns ein, zu dir zu kommen.
Hilf uns, in deiner Gegenwart aufzuatmen
und nur das auf uns zu nehmen, was du uns zutraust.
Amen.

9

Nur Mut!

JESAJA 43,1-7

»FÜRCHTE DICH NICHT!«

»Ich bin eben ein Angsthase«, begründet eine Frau ihre Schüchternheit gegenüber dem cholerischen Vorgesetzten, dessen Launen etwas entgegenzusetzen sie sich nicht traut. Dass wir uns unserer Ängste oft schämen und uns für sie entschuldigen, geschieht häufig. Der Angst haftet dann schnell etwas von einem moralischen Makel an. Die Einschätzung, dass mich dieses Gefühl nicht nur in mancher Hinsicht hemmt, sondern ich es geradezu verkörpere, eben ein Angsthase *bin*, steigert dann mein Schuldbewusstsein noch.

Dabei ist Angst zunächst einmal etwas zutiefst Menschliches. Ohne sie fehlt uns sogar Entscheidendes, wie es das Märchen: »Von einem der auszog, das Fürchten zu lernen« verdeutlicht. Der Müllersohn, der alles kennt, nur keine Angst und deshalb die kühnsten Abenteuer besteht, ist genau aus diesem Grund für seine Ehefrau, die Prinzessin, kaum auszuhalten. Erst als sie ihm nachts im Schlaf kaltes Wasser mit Goldfischen über den Bauch gießt, schaudert es ihn und beide sind endlich erlöst. Angst schützt uns zudem vor Gefahren und bewahrt uns vor waghalsigen Manövern. Im Blick auf unsere sorglose Lebensweise kann man sich fragen, ob wir kollektiv nicht sogar zu wenig Angst um unsere Zukunft und die unseres Planeten haben.

Und trotzdem: Angst kann uns auch entsetzlich lähmen. Manchmal beschleicht mich sogar das Gefühl: »Nicht ich habe Angst, sondern die Angst hat mich«, wie es Wolf Biermann treffend ausdrückt. Aber wir sind diesem Gefühl nicht hilflos ausgeliefert wie das Kaninchen der Schlange. Es gibt ein kräftiges Heilmittel, das verhindert, dass sich unsere Angst ins Uferlose steigert. Und das ist die biblische Aufforderung: »Fürchte dich nicht!« Kein Imperativ begegnet uns häufiger in der Heiligen Schrift. Offenbar brauchen wir ihn so nötig, dass Gott ihn uns unermüdlich mit jedem Herzschlag erneut zuspricht, sein Urwort: »Fürchte dich nicht!«

Darin mutet er uns zu, der Angst ins Auge zu sehen, sie also nicht krampfhaft kleinzureden. Nichts fürchtet unsere Angst mehr, als dass wir sie beim Namen nennen. In demselben Augenblick hat sie ihre alles beherrschende Macht über mich bereits eingebüßt und es ergeht ihr wie dem Rumpelstilzchen, dessen böser Zauber gebrochen ist, als ausgesprochen wird, wie er heißt. Das göttliche Urwort führt mich weiter dazu, meine Angst ins Gebet zu nehmen, sie vor Gott auszusprechen. »Mut ist Angst, die ihr Gebet gesprochen hat«, formuliert der südafrikanische Schriftsteller Alan Paton wunderbar. »Fürchte dich nicht!« Das heißt: Ruf deine Angst beim Namen, gesteh sie dir und Gott ein! Geh mit und trotz deiner Angst ans Werk! Und sei gespannt, was dir und ihr geschieht. Nur Mut!

IMPULSFRAGEN:

- Wo hat mich meine Angst vor Schlimmerem bewahrt?

- Welche Ängste kenne ich, die mich lähmen?

- Wie kann ich den göttlichen Zuspruch: »Fürchte dich nicht!« in meinem Leben vernehmen und lernen, darauf zu hören?

GEBET:

Gütiger Herr und Vater,
dir brauche ich nichts zu verschweigen; denn du kennst mich.
Sieh mich und meine Angst an
und hilf mir, dass auch ich sie sehe.
Gib du mir den Mut, mit
und trotz meiner Angst ans Werk zu gehen.
Amen.

10

Nichts für dich!

JOHANNES 21,20-23

»WAS GEHT ES DICH AN?«

Immer wieder geraten die Eltern mit ihrem fünfzehnjährigen Sohn in Streit über das Chaos in seinem Zimmer. Ein Therapeut gibt dem Ehepaar zu verstehen: »Es sind seine vier Wände. Wie er da drinnen haust, geht Sie grundsätzlich nichts an. Halten Sie sich bitte raus, um Ihres Sohnes willen, aber auch um Ihretwillen.« Mit diesem Ratschlag haben die Eltern nicht gerechnet. Sie wähnen sich eindeutig im Recht. Immerhin bemühen sie sich, ihn trotzdem zu beherzigen. Die Spannungen nehmen tatsächlich allmählich ab, das schmerzhafte elterliche Zugeständnis an Freiheit und Selbstverantwortung des Sohnes zahlt sich mit der Zeit aus, auch im Blick auf die Gestaltung seines Zimmers.

Dass die Familie zweimal im Jahr Urlaub macht und dann auch noch jedes Mal so weite und kostspielige Ziele ansteuert, begreifen die Nachbarn nicht. »Muss das sein? Und sollte man das Geld nicht besser für die Ausbildung der Kinder sparen und zusammenhalten?«, fragen sie sich kopfschüttelnd. Gewiss berechtigte Einwände, aber trotzdem: Wozu die Aufregung? Ist die Urlaubsplanung nicht allein Sache der Familie?

»Viel Friede wäre unser, wenn wir uns nicht um anderer Menschen Worte und Werke kümmern wollten, die mit uns gar nichts zu tun haben«, gibt Thomas von Kempen zu bedenken. Eine Mahnung, die sich auf Jesus und seinen Umgang mit den Jüngern berufen kann. Im oben angegebenen Bibelabschnitt ist es Petrus, der sich bei seinem Herrn nach der Zukunft von Johannes, dem Lieblingsjünger Jesu, erkundigt. Neugierde, Sorge und auch etwas Neid auf dessen bevorzugte Stellung mischen sich in seiner Frage, was aus diesem werde. Jesu Antwort lässt an Deutlichkeit nichts zu wünschen übrig: »Wenn ich will, dass er bleibt, bis ich komme, was geht es dich an? Folge du mir nach!« Jesus redet damit nicht einer billigen Gleichgültigkeit, einem bequemen Desinteresse am Ergehen des anderen das Wort. Dass uns sehr vieles nichts angeht, rechtfertigt daher keine lieblose Indifferenz, bewahrt uns aber vor angemaßter Verantwortung, die unfähig ist, Grenzen zu respektieren und die Freiheit des anderen zu achten. Wer der Versuchung widersteht, sich in tatsächlich fremde Angelegenheiten einzumischen, erspart sich und anderen unnötige Aufregung und Unfrieden. Und zugleich gilt umgekehrt, wozu Jesus Petrus auffordert: »Folge du mir nach!« Also kümmere dich um deine Angelegenheiten und deinen geistlichen Weg. Richten wir unseren Blick also nicht zur Seite. Was geht es uns an, was Jesus für andere vorgesehen hat? Schauen wir allein nach vorne auf den, der uns persönlich in seine Nachfolge ruft.

Impulsfragen:

- Wo erlebe ich es, dass andere sich in mein Leben einmischen?

- Bei wem fällt es mir schwer, Grenzen zu achten und Freiheit zu wahren?

- Wie kann ich den Blick gezielter auf den Weg Jesu für mich richten?

Gebet:

Herr Jesus Christus,
hilf mir zu erkennen, was mich etwas angeht und was nicht,
wo ich einschreiten soll und wo nicht.
Hilf mir, auf dich zu schauen und allein darauf zu achten,
was du mit mir vorhast.
Amen.

11

Ohne Scheu!

MATTHÄUS 7,7-11

»BITTET, SO WIRD EUCH GEGEBEN …«

Auch das Bitten will gelernt sein. Eigentlich etwas Kinderleichtes und doch tun sich viele Menschen schwer damit. Das hat seine Gründe: Manchmal ist es der eigene Stolz, der uns dabei im Wege steht, andere um Hilfe zu bitten. Da fährt jemand in einer fremden Umgebung mit dem Auto, findet sich nicht zurecht und bringt es trotzdem nicht fertig, einen Einheimischen nach dem Weg zu fragen. Ohne Not irrt er stundenlang umher, bis ihm schließlich nichts anderes übrig bleibt, als anzuhalten und sich zu erkundigen. Häufig genieren sich auch Menschen davor, eine Bitte zu äußern, weil sie Angst haben, abgewiesen zu werden. In einem Sitzungszimmer ist es düster, eine Teilnehmerin erkennt die Notizen des Vortragenden kaum. Als dieser dann irgendwann das Licht einschaltet, atmet sie hörbar auf. Warum sie nichts gesagt

habe, fragt man sie. Man hätte doch schon längst Licht an-
machen können. »Ach, auf mich hört ja doch keiner«, entfährt es ihr seufzend.

Diese Beispiele zeigen, wie schnell uns diese natürliche
menschliche Regung abhandenkommen kann, sei es aus un-
angebrachtem Stolz, sei es aus ängstlichem Misstrauen. Und
unsere Blockaden gegenüber Menschen lassen sich gegenüber
Gott nicht einfach ablegen. Wer wir in Wahrheit sind und wo-
ran es uns mangelt, wird uns hier wie da einholen. Teilen lässt
sich unsere Person nicht. Wir können nicht im menschlichen
Miteinander scheu oder selbstherrlich das Bitten unterdrücken, dafür aber gegenüber Gott frei auftreten.

Jesus weiß um unsere Schwächen, er kennt die Not unseres
Betens. Er fordert uns daher ausdrücklich auf, auf gar keinen Fall zu zögern, uns mit allem, was wir brauchen, an Gott
zu wenden. Und er wirbt um unser Vertrauen, dass solches
Tun nicht ins Leere läuft. Dabei zitiert er eine alte palästini-
sche Bettlerweisheit, eine Art Sprichwort, in dem sich die Erfahrung vieler Bedürftiger seiner Zeit ausspricht: »Bittet, so
wird euch gegeben; suchet, so werdet ihr finden; klopfet an,
so wird euch aufgetan.« So wie das Heer der Armen mit dem
Erbarmen der Mitmenschen, auf das es angewiesen ist, rechnet, so sollen wir es auch mit Gottes Großzügigkeit tun. Dass
er unser Bitten hört und darauf eingeht, ist so wenig außergewöhnlich wie die alltägliche Erfahrung, dass sich ein Bettler
erfolgreich um die notwendige Unterstützung bemüht.

»Wir sind Bettler – das ist wahr!«, sind Luthers letzte Worte
auf seinem Sterbelager. Stoßen wir uns nicht an dieser Wahrheit, dass wir in allem Wesentlichen von Gott abhängig sind.
Sehen wir unsere Würde vielmehr darin, seine Güte nötig zu
haben. Er lässt sie uns gerne spüren und wartet darauf, dass

wir vertrauensvoll unsere Hände falten und ungeniert zum Himmel aufblicken.

IMPULSFRAGEN:

- Warum fällt es mir schwer, eine Bitte zu äußern?

- Welche Anliegen liegen mir am Herzen, die ich Gott anvertrauen möchte?

- Wie höre ich den Impuls Jesu, dies ohne zu zögern zu tun?

GEBET:

Lieber himmlischer Vater,
du schenkst uns mehr, als wir dich zu bitten wagen.
Deine Großzügigkeit beschämt uns.
Hilf uns, ihr immer wieder zu vertrauen
und mit offenen Händen zu nehmen, was du uns gibst.
Amen.

12

Was für ein Segen!

4. MOSE 6,22-27

»DER HERR SEGNE DICH …«

Ein taubstummer Mann besucht regelmäßig den Gottesdienst. Einmal fragt man ihn, warum er dies denn tue, wenn er doch gar nichts mitbekomme. »Doch«, gestikuliert er wie selbstverständlich, »den Segen!« Den kriege er sehr wohl mit. Nicht einmal die Worte, die während dieser abschließenden Handlung gesprochen werden, müsse er zwingend hören. Denn der Wortlaut des sogenannten aaronitischen Segens aus 4. Mose 6 sei ihm von Kindesbeinen an vertraut. Tatsächlich trägt er ihn im Herzen, hat ihn mit diesem aufgenommen, learning by heart, wie das Englische treffend das Auswendig-Lernen bezeichnet. Die zum Segnen erhobenen Hände des Geistlichen und das Schlagen des Kreuzzeichens sprechen für diesen Menschen daher für sich. Mehr braucht es nicht, denn darin ist im Kern alles enthalten, was das Zentrum der Frohen Botschaft ausmacht.

Der Theologe Fulbert Steffensky hat recht, wenn er vermutet: »Vielleicht ist der Segen die dichteste Stelle der christlich-jüdischen Lebensäußerung, weil dort dramatisiert wird, was Gnade heißt: nicht erringen müssen, wovon man eigentlich lebt …« Hier brauche ich mir einmal tatsächlich nichts zu erarbeiten oder zu erkämpfen. Den Segen empfange ich. Anders werde ich seiner auch nicht habhaft. In dieser Haltung gleiche ich den Kindern, die sich von Jesus liebevoll herzen und segnen lassen. Ihnen steht daher nach Jesu Worten das Reich Gottes offen (vgl. Markus 10,13-16).

Wer den Segen empfängt, vergisst sich in dem Moment selbst. Er lässt außer Acht und ignoriert, was er an sich selbst sonst noch wahrnimmt: die Durchschnittlichkeit und Halbherzigkeit seines Glaubens, sein ganzes durchwachsenes Leben und Streben. Wer sich segnen lässt, hat die Freiheit, einmal ganz bewusst von sich und seinen Selbstzweifeln abzusehen. Er kümmert sich nicht um die moderne (Über-)Forderung, immer authentisch sein zu müssen. »Ich muss nicht nur ich selbst sein, ich stürze in den Abgrund des Schoßes Gottes, und ich weiß nicht, was ich tue« (Fulbert Steffensky).

Ich bin so frei, mir die alten biblischen Worte gesagt sein zu lassen. Ich mache sie nicht wurmstichig, hinterfrage nicht, ob es denn tatsächlich zutrifft, dass das Angesicht des HERRN über mir leuchtet, ob er mir wohlgesonnen ist und sein umfassender Friede mich umhüllt. Ich verzichte an dieser Stelle auf alle nur zu berechtigten Einwände angesichts der eigenen Dürftigkeit. Stattdessen lasse ich mich segnen, wörtlich »bezeichnen« (Lateinisch: signare), von Gott bezeichnen als ein begnadeter Mensch. Was ich tue, spottet eigentlich jeder Beschreibung. Umso trotziger bekräftige ich die Zusage der Segensgeste und des Wortes mit meinem Amen: So soll es sein!

- Was bedeutet mir der gottesdienstliche Segen?

- Mit welchen Gebärden (geöffnete Hände, erhobener Kopf, bekreuzigen) öffne ich mich diesem göttlichen Versprechen?

- Welche Widerstände, den Segen zu empfangen, nehme ich an mir wahr?

GEBET:

Barmherziger Gott,
der du reich an Segensfülle bist,
gieß sie über mir und allen deinen Geschöpfen aus.
Lass mich empfangen, wonach ich mich sehne:
dein leuchtendes Angesicht über mir und deinen Frieden.
Amen.

13

Unerwartet

1. KÖNIGE 19,9-13A

»UND NACH DEM FEUER KAM EIN STILLES, SANFTES SAUSEN.«

40 Tage und Nächte hatte sich der Prophet Elia auf diese Begegnung eingestellt. Mit großen Erwartungen war er auf Geheiß seines Gottes zum heiligen Berg Horeb, auch Sinai genannt, aufgebrochen. Hier nun sollte es geschehen, dass Gott sich ihm von Neuem zeigte, sein Wesen und seine Vorhaben enthüllte. Elia kannte aus seiner Glaubenstradition die untrüglichen Zeichen, in denen sich die göttliche Gegenwart manifestierte. Imposante Naturerscheinungen, Ehrfurcht gebietende Phänomene begleiteten stets sein Kommen. So hatte es bereits die Wüstengeneration um Mose hier an heiliger Stätte erfahren (vgl. 2. Mose 19). So wurde es in Israel von Generation zu Generation weitererzählt: Wo Gott ist, da sind die Elemente von der Kette gelassen, da stürmt, raucht und bebt es gewaltig, da ist nichts als unbändige Kraft, die alles bezwingt.

Und genauso erfährt es auch Elia zunächst, als er am Horeb im Schutz einer Höhle wartet. Ein heftiger Wind, ein mächtiges Beben und ein verzehrendes Feuer kommen auf. Gebannt und erwartungsvoll rüstet sich der Prophet auf das Erscheinen Gottes und wird doch jedes Mal herb enttäuscht. Weder im Sturm noch im Beben noch im Feuer zeigt sich sein Gegenüber. Vergeblich hält er Ausschau nach dem, auf dessen Erscheinen doch alles hindeutet.

»Und nach dem Feuer kam ein stilles, sanftes Sausen.« Ein leises, kaum hör- und wahrnehmbares Säuseln kommt schließlich auf – und gerade darin zeigt sich Gott. Das Geläufige wird zurückgedrängt. Eine ganz neue Lektion wird dem Propheten erteilt, der mit verhülltem Angesicht aus der Höhle heraustritt. Gott ist da – aber anders als vermutet. In einem zarten Wehen, schwach und kraftlos, hauchend und flüsternd erhebt er seine Stimme. Keine Demonstration von Macht und Stärke, sondern das Gegenteil: ein Lernstoff, den der große Gottesmann erst langsam verdauen muss und der auch uns nur schwer eingeht.

Auf die Frage, warum die Menschen Gott heute im Vergleich zu früher nur noch so selten vernähmen, antwortet der weise Rabbi seinem Schüler: »Es liegt nicht an Gott, sondern an den Menschen. Niemand bückt sich mehr gerne.« Es liegt an uns, ob wir uns die Mühe machen, uns klein zu machen, um auch die ganz anderen untrüglichen Zeichen Gottes in Schwäche, Ohnmacht und Schweigen wahrzunehmen. Die engen Fesseln fallen so von unserem Glauben ab. Gott und wir selbst werden frei – frei, uns ganz neu und anders als erwartet zu begegnen.

Impulsfragen:

- Wie sehr bestimmen meinen Glauben Erwartungen eines Power-Gottes, der sich durch machtvolles Auftreten ausweist?

- Wo möchte ich lernen, mich zu bücken, um der Gegenwart Gottes auf ganz andere Weise als bisher auf die Spur zu kommen?

- Wie gehe ich mit den vielen lauten Stimmen um, die mich bei meiner Suche nach dem »stillen, sanften Sausen« behindern?

Gebet:

Allmächtiger Gott und Vater,
in unsere Welt voller Lärm überhöre
ich oft den Klang deines Schweigens.
In meinem Wunsch nach Macht und Stärke fällt es mir schwer,
dich da zu entdecken, wo ich schwach und hilflos bin.
Lehre mich geduldig, gerade diese Zeichen deiner Nähe zu
beachten und dich dort zu finden,
wo ich am wenigsten damit rechne.
Amen.

14

Hut ab!

MATTHÄUS 25,14-30

»RECHT SO, DU TÜCHTIGER UND TREUER KNECHT ...«

Solch ein Lob baut auf. Es ist eine wohltuende Bestätigung der eigenen Mühe und Gewissenhaftigkeit und offenbar keine absolute Ausnahmeerscheinung. In der Gleichniserzählung Jesu »Von den anvertrauten Zentnern«, der dieses Lob entnommen ist, werden immerhin zwei von drei Knechten, also die deutliche Mehrheit, mit diesen wertschätzenden Worten bedacht. Beide haben das Vermögen, das ihnen von ihrem Herrn während dessen Abwesenheit überantwortet worden war, mit Geschick und Einsatz vermehrt. Ihre Leistung wird schließlich honoriert und großzügig belohnt. »Du bist über wenigem treu gewesen, ich will dich über viel setzen; geh hinein zu deines Herrn Freude!« (V. 21), stellt der Besitzer anerkennend fest.

Aber was ist mit dem dritten Knecht, an dem der Herr bei seiner Rückkehr keine Freude hat, weil er mit dem anvertrauten Geld nichts anzufangen wusste? Nicht Lob, sondern scharfe Zurechtweisung und harte Strafe treffen ihn. Warum? Dieser Knecht geht von falschen, sich fatal auswirkenden Voraussetzungen aus. Er fühlt sich von seinem Herrn durch dessen vermeintlich hohe Erwartungen unter Druck gesetzt und daher permanent überfordert. Aus Angst, daran zu scheitern, vergräbt er das Vermögen lieber. Aber Höchstleistungen sind hier gar nicht gefragt. Dem Herrn hätte es nach eigenem Bekunden schon gereicht, wenn der Knecht das Geld mit Zinsen auf die Bank gebracht hätte. Mit dieser Selbstverständlichkeit wäre er schon zufrieden gewesen und hätte auch ihm seine Anerkennung nicht versagt.

So leicht und einfach ist es nach Jesu Worten, Gott eine Freude zu machen. Er ist kein Gott der Extreme und des Außerordentlichen, bei dem nur Rekorde zählen. Solchen von Menschen gemachten Götzen gleicht er nicht. Treue im Tun des Gewöhnlichen und Auf-der-Hand-Liegenden reicht ihm schon vollkommen aus. Und jeder Tag bietet unzählige wunderbare Gelegenheiten, die mir anvertrauten Talente zur Geltung zu bringen, ganz selbstverständlich dort einzusetzen, wo es nötig ist, sie wie im Gleichnis gewinnbringend anzulegen.

Und wenn Gott an uns seine Freude hat, dann sollen auch wir sie an uns haben. Er schätzt und achtet unsere Verlässlichkeit im Kleinen oft mehr, als wir es selbst zu tun wagen. »Recht so, du tüchtiger und treuer Knecht und du tüchtige und treue Magd!« – diese Worte gehen ihm leichter als uns über die Lippen. Halten wir ihrer Wahrheit einmal stand und relativieren sie nicht gleich. Dann fangen auch wir an, in die Erwartung, die der Apostel Paulus an den Jüngsten Tag richtet, zuversichtlich einzustimmen:

»Dann wird einem jeden von Gott sein Lob zuteilwerden«
(1. Korinther 4,5c).

Impulsfragen:

- Welche Gaben und Talente entdecke ich an mir?

- Kann ich mich an ihnen freuen und stolz darauf sein?

- Welche Erwartungen überfordern mich und woher kommen sie?

Gebet:

Großzügiger Herr und Gott,
du selbst hast deine Freude an uns
und unseren vielfältigen Gaben.
Wecke auch in uns solche Freude.
Hilf uns, in der Erwartung zu leben,
dass du mit uns zufrieden bist und
mit Lob und Anerkennung nicht sparen wirst.
Amen.

15

Grenzenlos

MATTHÄUS 5,43-48

»DENN ER LÄSST SEINE SONNE AUFGEHEN ÜBER BÖSE UND GUTE ...«

Ich habe es mir zur Gewohnheit gemacht, mein Fenster nach dem Aufwachen weit zu öffnen und meinen Blick nach draußen zu richten. Intuitiv schaue ich nach Osten und sehe oder erahne – je nach Uhrzeit und Wetterlage – die Sonne, wie sie über der Hügelkette langsam aufgeht. Ihre Strahlen treffen auf alle Häuser unserer kleinen Stadt und tauchen sie in ein zartes Rot. Die Anfangszeilen aus Paul Gerhardts Morgenlied kommen mir in den Sinn: »Die güldne Sonne voll Freud und Wonne bringt unsern Grenzen mit ihrem Glänzen ein herzerquickendes, liebliches Licht« (EG 449,1).

Ja, unsere Grenzen überstrahlt und überwindet die Sonne ganz souverän. Ihr Glänzen macht keinerlei Unterschied zwischen Hautfarbe, Herkunft und Religion. Apartheid kennt und duldet die Sonne nicht, selbst die für uns oft so bedeutende Trennung in moralisch anständig und anstößig nicht. Sie setzt sich gelassen darüber hinweg und spart niemanden aus. Darin gleicht die Sonne ihrem Schöpfer: »Dein Sinnbild, Höchster!«, nennt Franz von Assisi sie in seinem berühmten Sonnengesang begeistert. Auch nach Jesu Worten ist es »seine« Sonne, die er aufgehen lässt und zwar so unparteiisch und grenzenlos, wie es Gottes Güte selbst entspricht.

Und so werden wir mit unseren starren Unterscheidungen und kleinlichen Grenzziehungen durch das Sonnenlicht beschämt. Unseren Mangel an Weite und Großzügigkeit deckt sie auf und hilft uns zugleich, ihn zu überwinden. Das Gebot, auch die zu lieben, die uns nicht wohlgesonnen sind, unsere Feinde, motiviert Jesus mit dem täglichen Aufgehen der Sonne, der alle Parteilichkeit fremd ist. Sie kennt keine Stelle, um die ihre Strahlen lieber einen Bogen machen. Über den freundlichen und unfreundlichen, gut gelaunten und gereizten, liebenswerten und anstrengenden Menschen geht sie gleichermaßen auf. Und auch an mir selbst entdeckt sie keine Seite, die es nicht wert wäre, beschienen zu werden. Die Einteilung, was angenehm oder abstoßend, sympathisch oder unsympathisch an meinem Wesen und Charakter ist, trifft sie nicht. Großzügig verschenkt sie ihr »herzerquickendes liebliches Licht« an mich so, wie ich eben bin. Ob mein Tagwerk gelungen ist oder nicht, ob ich mich richtig oder falsch verhalten habe, ob ich fröhlich oder missmutig bin, davon lässt sich die Sonne nicht beeindrucken. Völlig ungerührt geht sie am Morgen von Neuem auf, dieses Sinnbild des Höchsten!

IMPULSFRAGEN:

- Welche kleinen Übungen können mir helfen, das Licht der aufgehenden Sonne wahrzunehmen und zu genießen?

- Welche Menschen möchte ich so, wie es das Sonnenlicht tut, in den Kreis meiner Liebe miteinbeziehen?

- Wo möchte ich selbst großzügiger mit Licht und Schatten meiner Person umgehen?

GEBET:

Gütiger Vater,
so grenzenlos wie deine Sonne ist deine Liebe.
Dafür danke ich dir von Herzen.
Hilf mir, mich ihren wärmenden Strahlen auszusetzen und sie
über alles, was trennt, scheinen zu lassen.
Amen.

16

Du kannst das!

MARKUS 6,30-44

»GEBT IHR IHNEN ZU ESSEN!«

Dass uns etwas zugetraut wird, gehört mit zu den schönsten Erfahrungen, die wir in unserem Leben machen können. Als ich an einer Einkehrfreizeit teilnahm, bat mich der Verantwortliche darum, die dreimaligen gemeinsamen Andachten gesanglich anzustimmen und zu leiten. Mit dieser Aufgabe hatte ich wegen meiner sehr dürftigen Notenkenntnisse überhaupt nicht gerechnet. Noch im obligatorischen Schulchor hatte mir der Direktor deswegen das Mitsingen mit der Bemerkung »Brummer raus!« untersagt. Aber das Vertrauen des anderen, der mich seit Längerem kannte, spornte mich an. Ich willigte ein. Und siehe da, es ging tatsächlich, mit der Zeit auch immer sicherer und klangvoller. Am meisten war ich selbst überrascht. Tief hat sich dieses Erlebnis bei mir seitdem eingeprägt. In dieser mich so unvermittelt treffenden Beauftragung steckte der heimliche Zuspruch meines Gegenübers:

»Du kannst das!« Kaum ein Satz klingt schöner in unseren Ohren.

Dass sie etwas können, was sie von sich aus für gänzlich unmöglich gehalten hätten, erfahren auch die Jünger Jesu. Ihnen befiehlt Jesus, eine riesige Schar Menschen – der Evangelist spricht von 5000 – satt zu machen. Ihr Glaube wird dadurch herausgefordert. Sie wissen nicht recht, wie ihnen geschieht, und tragen einfach das wenige, was sie selbst an Essensvorräten haben, auf Jesu Geheiß zusammen und überlassen es ihm: fünf Brote und zwei Fische. Darauf teilen sie die Gaben aus und geben den Hungrigen zu essen. Am Ende werden alle satt und es bleibt noch reichlich übrig.

»Ihr könnt das!«, hören und erfahren die Jünger von Jesus. Genauer gesagt: nicht ihr allein von euch aus, sondern vielmehr durch mich vermögt ihr das. Die Aufforderung Jesu »Gebt ihr ihnen zu essen!« will den Jüngern darum nicht ihre Grenzen vor Augen führen, sondern vielmehr ihr Zutrauen in seine schöpferische Macht wecken. Er ist ein Meister der Verwandlung, der aus wenigem viel macht, aus fünf Broten und zwei Fischen Essen für alle, aus Wasser kostbaren Wein (Johannes 2,1-11), aus (vermeintlichen) »Brummern« Vorsänger.

Der Liedermacher Gerhard Schöne ruft in einer Strophe voller Glück aus: »Gott, du glaubst an mich! – Ja!« Und das tut er – sein Sohn spielt uns Gottes Glauben an uns zu und verwandelt unser vermeintliches Unvermögen in ungeahnten Mut und keckes Zutrauen. Oft sind es auch andere, die uns diesen Dienst erweisen. Göttliche Boten als menschgewordene Engel, die uns im Sinne Jesu zurufen: »Du kannst das!«

IMPULSFRAGEN:

- Wann hat mir ein anderer etwas zugetraut, was ich von selbst nicht angegangen wäre?

- Wem möchte ich unbändiges Vertrauen entgegenbringen?

- Vernehme und kenne ich die werbende Stimme Jesu »Du kannst das!«?

GEBET:

Herr Jesus Christus,
denen, die meinen, nur wenig zu können, traust du viel zu.
Hilf mir, deine mutmachende Stimme,
die an mich glaubt, zu hören.
Wecke so in mir neues Zutrauen!
Amen.

17

Unbekümmert

MARKUS 4,1-9

»SIEHE, ES GING EIN SÄMANN AUS ZU SÄEN.«

In Bildern des Alltags zeigt Jesus den Menschen, wie sich die Herrschaft Gottes Bahn bricht. Immer wieder wählt er dazu auch die Landwirtschaft seiner Zeit, in unserem Fall die in Palästina übliche Praxis der Aussaat. Anders als in modernen Zeiten maximaler Effizienz pflügte und düngte man den Ackerboden nicht, bevor man das Saatgut auf ihm verteilte. Auf die noch völlig unbehandelte Erde, auf der das Unkraut nur so wucherte, Trampelpfade entlangführten und Steine wahllos herumlagen, streute der Bauer den Samen aus. Von daher verwundert es nicht, wenn Jesus im Fortgang seines Gleichnisses zunächst den Misserfolg dieser Praxis vor Augen führt: Vögel picken die Körner von den Trampelpfaden, Disteln überwuchern die aufkeimenden Halme, herumliegendes Geröll lässt die Pflanzen keine tieferen Wurzeln schlagen, sodass sie vertrocknen.

So weit, so ernüchternd. Aber warum wirft der Bauer dann trotzdem die kostbare Saat wahllos auf sein dürftig bestelltes Feld? Wie kann er sich eine solche Verschwendung leisten? Er vertraut darauf, dass es inmitten von hart gewordener Erde, Dornen und Steinen genug nahrhaften Boden gibt, auf den die Saat ebenso trifft. Ganz am Schluss, als bewussten Zielpunkt seines Gleichnisses, nimmt Jesus dies in den Blick: »Und einiges fiel auf gutes Land, ging auf und wuchs und brachte Frucht« (V. 8a). Darauf läuft die Erzählung hinaus. Die Erfahrungen aller vergeblicher Bemühungen werden nicht verschwiegen, aber damit hört es nicht auf. Am Ende steht doch ein wogendes Weizenfeld da, sogar von einem riesigen Ertrag ist die Rede (V.8b). Der Acker mag kümmerlich sein, aber die Saat ist gut und sucht sich ihr Land, wo sie ihre Kraft entfaltet. Der Sämann weiß das und kann daher so unbekümmert und großzügig verstreuen. Gelassen nimmt er in Kauf, dass dabei weit mehr als die Hälfte der Aussaat umsonst ist. Am Ende kann er doch überreich ernten, setzt sich der kräftige Samen durch.

Lassen wir uns hineinnehmen in dieses Gleichnis und vertrauen wir uns seinem Gefälle an. Wie ein Spiegel zeigt es uns harte, steinige oder von Dornen überwucherte Stellen auf dem Ackerboden unseres Lebens. Herzlich wenig von dem, was Gott an guter Saat hier ausstreut, erreicht sein Ziel. Mickrig und verkümmert bleibt so manches. Aber da ist auch aufnahmebereiter Boden in uns, in mir. Was der himmlische Sämann großzügig und vertrauensvoll hineinlegt, geht auf und gedeiht großartig – aller vorherigen Enttäuschungen zum Trotz. Souverän und gelassen nehme ich sie darum in Kauf, denn ich weiß oder ahne zumindest: »...und einiges trug dreißigfach und einiges sechzigfach und einiges hundertfach« (V. 8b).

IMPULSFRAGEN:

- Wo mache ich frustrierende Erfahrungen mit mir selbst?

- An welchen Stellen möchte ich mich der verschwenderischen Praxis des himmlischen Sämanns gelassen anvertrauen?

- Welchen Menschen kann ich dieses Vertrauen in eine ertragreiche Saat zusprechen?

GEBET:

Großzügiger Gott, du wirst nicht müde,
deine gute Saat reichlich auszustreuen.
Lass sie in mir aufgehen
und Frucht bringen allen Widrigkeiten zum Trotz.
Wecke auch in meinen Mitmenschen solches Zutrauen.
Amen.

18

Gott sei's geklagt!

PSALM 88

»HERR, GOTT, MEIN HEILAND, ICH SCHREIE TAG UND NACHT VOR DIR.«

Eine fromme Frau kann nicht länger an sich halten. Anhaltende und unerträgliche Schmerzen treiben sie dazu, Gott ihre Not und die Last ihres Alters zu bringen. Aufgebracht geht sie mit ihm dabei ins Gericht, nicht ahnend, dass ihre Enkeltochter zufällig Zeugin ihrer Anklage wird. »Oma, du hast recht. Das muss er dann auch abkönnen!«, entfährt es ihr. Was sich hier vielleicht etwas salopp anhört, trifft doch das Entscheidende. Gott, der sich uns als sein Ebenbild und Gegenüber gewünscht und geschaffen hat, der muss es auch aushalten, wenn ihm nicht nur Dank und Jubel, sondern auch erbitterte Vorwürfe entgegenschlagen. Und Gott will es auch, dass wir ihm tatsächlich sagen, wie uns zumute ist, und unser Herz vor ihm ausschütten, wie es Luther so unnachahmlich in der Sprache des Psalters übersetzt. Denn darauf wartet er, dass wir echt sind in dem, was wir empfinden. Nichts sollen wir verschweigen oder schamhaft herunterschlucken.

Unser Leben kann von unsäglichem Leid geprägt sein, von Not, die zum Himmel schreit, und offenen Fragen, die ohne Antwort bleiben. Die Klage hat daher ihr Recht. Und sie hat dazu ein breites biblisches Fundament. Etwa zwei Drittel aller 150 Psalmen sind Klagepsalmen. Jesu letzte Worte am Kreuz sind ihnen entlehnt: »Mein Gott, mein Gott, warum hast du mich verlassen?« (vgl. Psalm 22,2).

An ihnen wie auch an dem oben zitierten Eingangsruf des in seiner tiefen Verzweiflung wohl abgründigsten Klagepsalms 88 wird zweierlei deutlich: Wer klagt, der scheut sich nicht davor, laut zu werden, der kämpft, hadert und flucht vielleicht sogar, und das nicht nur für einen kurzen emotional unkontrollierten Moment, nein, »Tag und Nacht« liegt er Gott so in den Ohren und schreit ihm sein »Warum?« entgegen. Aber genau dadurch bleibt er mit Gott verbunden. »*Mein* Gott« (Psalm 22) bzw. »*mein* Heiland« (Psalm 88) ruft er bewusst aus, hängt sich so an ihn und wendet sich nicht etwa von ihm ab. Darum ist das Gegenteil von loben und danken nicht klagen, sondern das Verstummen, in dem ich mich von Gott abwende und meinen Schmerz nur noch mit mir selbst teile. Wer aber so Tag und Nacht schreit wie der Beter des 88. Psalms, der ringt mit Gott und seinem Glauben an ihn, der sagt sich nicht von ihm los und gibt ihm so die Ehre, die ihm zukommt. Der katholische Publizist Theodor Haecker bekennt in seinen Tagebuchaufzeichnungen: »Lass niemals von Gott! Lieb Ihn! Wenn du das nicht kannst, dann streite mit Ihm, klage Ihn an und rechte mit Ihm wie Hiob, ja, wenn du das kannst, dann lästere Ihn, aber – lass Ihn nie!« ER wird es abkönnen und wartet darauf.

IMPULSFRAGEN:

- Welche Rolle spielt in meiner Frömmigkeit die Klage?

- Was bedrückt mich persönlich so, dass ich es Gott anvertrauen möchte oder vorhalten muss?

- Für welche Menschen möchte ich klagend vor Gott eintreten?

GEBET:

Dunkler Gott,
hilf mir, dir meine Not offen zu klagen.
Zeige dich endlich und tritt heraus aus deiner Verborgenheit.
Sieh das Leid so vieler Menschen und Geschöpfe an
und zögere nicht länger, ihnen zu helfen.
Amen.

19

Verfolgt

PSALM 23

»GUTES UND BARMHERZIGKEIT WERDEN MIR FOLGEN MEIN LEBEN LANG ...«

Der 23. Psalm lädt uns ein zum Vertrauen in die Fürsorge und Führung des guten Hirten. Er versorgt und begleitet uns, nichts Wesentliches wird uns unter seiner Obhut fehlen. Zugleich verschweigt der Psalm auch nicht die Gefahren, denen wir im Leben ausgesetzt sind. Offen spricht er vom »finsteren Tal«, wörtlich vom »Tal der Todesschatten« (V. 4a), das wir durchschreiten müssen, und von Feinden, die uns nachstellen. Auch gläubige Menschen bleiben von schlimmen Widerfahrnissen und böswilligen Gegnern nicht verschont, die sich an ihre Ferse heften. Umgangssprachlich heißt es von jemandem, dem es so ergeht, er sei »vom Pech verfolgt«.

Ganz am Schluss dieses sogenannten Vertrauenspsalms kommt der Beter allerdings noch auf ganz andere Verfolger zu sprechen, die hinter ihm her sind und ihn jagen. »Gutes« und »Barmherzigkeit« nennt er sie (V. 6a). Im Hebräischen heißt das Verb, das Luther mit »folgen« wiedergibt, tatsächlich »verfolgen«. Seinen Lebenslauf erfährt er also nicht als eine einzige Pechsträhne; nein, ebenso hartnäckig und offenbar sogar noch viel hartnäckiger sitzen ihm unverhofftes Glück und großzügig bemessene Güte im Nacken. Ihnen kann und will er sich gar nicht erwehren, zumal er ihren Ursprung mit Namen kennt: Es ist der HERR, sein Hirte.

»Gutes« und »Barmherzigkeit« haben viele Gesichter, manche davon sind uns schon so vertraut und alltäglich geworden, dass wir sie kaum noch als beglückendes Geschenk wahrnehmen. Nahrung und Kleidung, ein Dach über dem Kopf, eine Arbeitsstelle, gute Nachbarschaft, ein geordnetes Staatswesen, Frieden sowie tragfähige menschliche Beziehungen verdanken sich in erster Linie nicht unseren Bemühungen, sondern sind Auswirkungen göttlicher Großzügigkeit. Darüber hinaus erfahren wir seine Fürsorge, wenn wir vor äußerer oder innerer Gefahr bewahrt bleiben, glückliche Fügungen und unverhoffte Begegnungen sich ereignen. Und wie oft erleben wir, dass Gott selbst mit unserer Schwäche und Schuld fertig wird, sie verzeiht und schließlich sogar in Segen wandelt.

Unser Vertrauen wächst und wird gestärkt durch die Fülle an Güte, mit der uns der Hirte unseres Lebens auf Schritt und Tritt begleitet. Die Worte des 23. Psalms möchten uns für diesen kostbaren Schatz die Sinne und unser Herz öffnen. Besonders dann, wenn unser Glaube trotz all diesen Reichtums müde geworden ist und ihm Kraft und Atem ganz auszugehen drohen, bleibt uns Gott ausdauernd und geduldig auf den Fersen. Liebevoll geht er uns nach und verfolgt unsere Wege, bis wir wieder da sind, wo Gutes und Barmherzigkeit dauerhaft wohnen: »im Hause des HERRN« (V. 6b).

Impulsfragen:

- Welchen Spuren göttlicher Güte möchte ich nachgehen?

- Wie könnte mein ganz persönlicher Vertrauenspsalm lauten?

- Wie gehe ich mit Erfahrungen im Leben um, die mein Vertrauen erschüttern wollen?

Gebet:

Lieber himmlischer Vater,
täglich begleitest du mich liebevoll und verlässlich.
Öffne mich für die Zeichen deiner Freundlichkeit.
Stärke durch sie meinen schwachen Glauben und richte ihn auf.
Amen.

20

Kurz und bündig

MATTHÄUS 6,7-13

»UND WENN IHR BETET, SOLLT IHR NICHT VIEL PLAPPERN WIE DIE HEIDEN …«

Vor einiger Zeit sprach jemand auf meinen Anrufbeantworter. Er brachte es dabei fertig, für eine kurze Anfrage über die Hälfte des gesamten Speicherplatztes aufzubrauchen, immerhin gut sechs Minuten. Das strapazierte meine Geduld und meine Nerven. Gespräche, in denen jemand einfach nicht auf den Punkt kommt, können quälend sein. Die Umständlichkeit, mit der manche ihr Anliegen vorbringen, wurzelt oft in der Sorge, nicht richtig verstanden zu werden und das Ziel zu verfehlen. Mit solcher Angst wächst die Anzahl der Worte beinahe automatisch.

Auch unsere Gebete, in denen wir unsere Anliegen Gott mitteilen, werden aus diesem Grund häufig lang. In dem oben angeführten Bibelwort aus der Bergpredigt erklärt Jesus eine solche Praxis für überflüssig, ja er nennt sie sogar heidnisch: »Und wenn ihr betet, sollt ihr nicht viel plappern wie die Heiden; denn sie meinen, sie werden erhört, wenn sie viele Worte machen.« Heiden sind dabei nicht einfach religionslose Menschen, im Gegenteil, sie beten sogar sehr intensiv. Heidnisch ist es aber zu meinen, dass sich mit der Zahl der Worte die Chance, bei Gott Gehör zu finden, erhöht. Kurz und bündig sollen wir darum beten. »Denn euer Vater weiß, was ihr bedürft, ehe denn ihr ihn bittet«, führt Jesus aus. Gott »weiß« es. Und sein Wissen geschieht nicht teilnahmslos, sondern in Liebe, wie Gott die Liebe ist.

Warum dann also überhaupt noch beten, wenn der Sinn nicht darin bestehen kann, Gott zu informieren oder gar durch viele Worte zu erweichen? Wer betet, gesteht seine eigene Hilflosigkeit ein. Und er verzichtet darauf, irgendwo anders Hilfe zu suchen als eben bei diesem Gott. So gibt der Betende Gott die Ehre und erweist sich selbst als Mensch, der um seine Angewiesenheit weiß.

Mein wachsendes Zutrauen zu Gott zeigt sich darin, dass ich immer weniger Worte brauche. Wir gleichen darin einem Kind, das sich von seinen Eltern geliebt weiß und darum schnell zur Sache kommt. Es spürt ganz intuitiv, dass sie darüber im Bilde sind, was es braucht, und es ihm gerne und umstandslos geben werden. Jesus nennt Gott daher bewusst »Vater«, was zu seiner Zeit außergewöhnlich gewesen ist. Dank dieser besonders vertrauensvollen Anrede bedarf es nicht mehr vieler Worte. Die entscheidenden gibt uns Jesus selbst an die Hand, wenn er uns aufruft, das Vaterunser zu beten. In einer schlichten Anrede und in sieben kurzen Bitten ist alles Wesentliche gesagt.

IMPULSFRAGEN:

- Fällt es mir schwer, mich bei meinen Gebetsanliegen kurz zu fassen?

- Wie kann das wunderbar entlastende Wort Jesu: »Euer Vater weiß, was ihr bedürft« meine Gebetspraxis bestimmen?

- Welche Rolle spielt das Beten des Vaterunsers bei mir?

GEBET:

Lieber Vater im Himmel,
du bist der rechte Vater und weißt, was wir brauchen.
Hilf mir, dir zu vertrauen
und mich in deinem Wissen zu bergen.
Lehre mich kurz und wesentlich zu werden,
wenn ich mich an dich wende.
Amen.

21

Aufgeweckt

JESAJA 50,4-5

»ALLE MORGEN WECKT ER MIR DAS OHR ...«

Dass wir morgens geweckt werden und aufstehen müssen, ist
häufig keine verlockende Aussicht. Umgekehrt ist es an frei-
en Tagen oder in Ferienzeiten gerade das Schönste, dass man
ausschlafen kann und uns kein Wecker aus dem Schlaf reißt.
Für den auserwählten Boten Gottes, der uns im oben zitierten
Bibelwort begegnet, hat das frühe Erwachen allerdings nichts
Unangenehmes. Er empfindet es sogar als ein Vorrecht, das er
uns stolz präsentiert. Und das hat seinen Grund. Denn es ist
nicht die Pflicht, die ihn schon morgens ruft und ihm die Liste
heute zu erledigender Aufgaben vor Augen führt. Gott ist es
vielmehr, der ihn weckt, und das nicht nur ausnahmsweise,
nicht nur in Momenten besonderer Inspiration und Sendung.
Nein! »*Alle* Morgen« tut er dies; in schöner Regelmäßigkeit
weiß der Bote sich von ihm angesprochen. Und darum ist er
hellwach und ganz Ohr, wenn er den göttlichen Ruf zum Be-

ginn jedes neuen Tages vernimmt. Morgenstund hat für ihn nicht Gold, sondern etwas viel Kostbareres im Mund: Gottes Wort, das ihm ganz persönlich gilt. Gespannt und erwartungsvoll nimmt er es auf. »Dass ich höre, wie ein Jünger hört« (V. 4b), ist seine einzige Sorge und sein einziges Ziel.

Für unsere Glaubenspraxis ist es darum nicht zweitrangig, wie wir erwachen und von wem wir uns in den Tag führen lassen. Einen Wecker können wir zwar in aller Regel nicht entbehren, um rechtzeitig aus den Federn zu kommen, aber doch verbirgt sich hinter seinem für uns oft vermaledeiten Piepen eine ganz andere Stimme, die uns anredet und unser Ohr und Herz erreichen möchte. Nicht dem Appell, endlich aufzustehen und ans Werk zu gehen, auch nicht der Angst vor möglichen Schwierigkeiten oder der Sorge, der Fülle an Anforderungen nicht gerecht zu werden, gebühren das erste Wort. Gott will und Gott soll es haben. Mit dem anbrechenden Licht des neuen Tages begrüßt er uns. Er tut es immer und immer wieder, wird nicht müde, zu uns zu sprechen. Wachrütteln will uns seine Stimme, dass wir ganz da sind und hören, was er uns zu sagen hat.

Nehmen wir uns daher bewusst in der Frühe Zeit für seine Stimme. Hören wir, was sie uns zusagt: Jeder Morgen ist ein neues Geschenk aus seiner Hand, jedes Aufstehen Ausdruck seiner Güte, jeder Sonnenstrahl ein »Liebesbrief Gottes« (Ernesto Cardenal). In unserem anstrengenden Alltag mit seinen vielen Reizen, die auf uns einströmen, tut es Not, diesen Brief *vor* allem anderen zu lesen und sich seiner freundlichen Botschaft zu öffnen. Wer es beherzigt, wird Jochen Kleppers bekanntem Gesangbuchlied »Er weckt mich alle Morgen« (EG 452) zustimmen. In ihm heißt es: »Nichts gilt mehr als sein Ruf!«

Impulsfragen:

- Wie sieht mein Tagesbeginn, der Übergang vom Schlaf zum Wachsein aus?

- Worauf möchte ich Wert legen, um diese ersten kostbaren Momente nicht achtlos verstreichen zu lassen?

- Wie werde ich morgens empfänglich für Gottes Weckruf?

Gebet:

Barmherziger Vater,
du sprichst zu uns am Anfang jedes neuen Tages.
Hilf mir, wach und offen zu sein, wenn du mich rufst.
Lass mich so meinen Tag fröhlich beginnen.
Amen.

22

Bedürftig

MATTHÄUS 5,1-12

»SELIG SIND, DIE DA GEISTLICH ARM SIND, DENN IHRER IST DAS HIMMELREICH.«

Mit dieser sogenannten Seligpreisung eröffnet Jesus die Bergpredigt. Seine »Rede der Reden« (Hans Weder) wendet sich an
Menschen, die ihm ernsthaft nachfolgen wollen. Ihnen zeigt
Jesus, was der Wille seines himmlischen Vaters im tiefsten
Grunde bedeutet. Diejenigen, die ihn befolgen, ermächtigt er
sogar dazu, »Licht der Welt« und »Salz der Erde« zu sein (5,13-
16). Großes traut Jesus seinen Jüngerinnen und Jüngern also
zu und setzt doch am Anfang seiner berühmten Rede mit der
ersten Seligpreisung bewusst einen anderen Akzent. Nach ihr
sind ausgerechnet diejenigen zu beneiden, die »geistlich arm«
sind.

Man versteht diese Formulierung am besten, wenn man sich vor Augen führt, wen Jesus als »geistlich reich« ansieht. Es ist vor allem die Gruppe der Pharisäer und Schriftgelehrten. Ihr vorbildlicher Lebenswandel und ihre genaue Kenntnis der Gebote machen sie in den Augen Jesu selbstbewusst. Hochmütig sehen sie auf die herab, die mittellos und ungebildet sind und daher das Gesetz weder kennen geschweige denn konsequent befolgen. Es sind Menschen, die vom Wert ihrer Frömmigkeit und ihres Engagements überzeugt sind und auch gegenüber Gott Ansprüche geltend machen. Zu allen Zeiten gibt es sie. Gerade diejenigen, die im Sinne der Bergpredigt mit Ernst und Hingabe ihren Glauben leben, stehen oft unbewusst in der Gefahr geistlicher Selbstüberhebung.

Wenn Jesus dagegen die geistlich Armen glücklich schätzt, geht es ihm nicht darum, dass wir unsere unzweifelhaften Qualitäten, unsere Gaben und Fähigkeiten möglichst weit in den Schatten stellen und kleinreden. Wir sollen uns an ihnen freuen und durchaus stolz auf sie sein. Einer unechten oder gequälten Selbsterniedrigung spricht er nicht das Wort.

Aber neben allem Erfreulichem gibt es auch das, was uns immer noch nicht gelingt und womöglich bis zum Lebensende nicht glücken wird. Und Jesus lädt uns gerade dazu ein, diese Schwächen anzunehmen. Sosehr wir in unserem Glaubensleben wachsen und reifen, bleibt vieles daran Stückwerk, unvollendet, mit Mängeln behaftet. Der geistlich Arme braucht davor die Augen nicht zu verschließen, er kann zu all dem stehen, muss nicht länger mehr sein, als er tatsächlich ist. Er kann sich sogar eingestehen, dass er auf viele Fragen keine Antwort weiß und auch als gläubiger Mensch ohnmächtig die Rätselhaftigkeit mancher göttlichen Fügung nicht versteht. Wie ein Kind steht er mit leeren Händen da. Darum kann Gott mit ihm etwas anfangen und ihn beschenken. Das Himmelreich steht nämlich denen offen, die sich ihrer geistlichen Dürftigkeit bewusst und mit ihrer Weisheit am Ende sind. Sie haben Grund zur Freude!

IMPULSFRAGEN:

- In welcher Hinsicht stehe ich in der Versuchung, andere zu verachten?

- Kann ich mich aufrichtig an meinen Stärken freuen?

- Wo vernehme ich den freundlichen Lockruf Jesu, den frommen Schein nicht länger wahren zu müssen, sondern meine innere Armut einzugestehen?

GEBET:

Herr Jesus Christus,
du willst mich reich beschenken und glücklich machen.
Hilf mir, dir meine leeren Hände entgegenzustrecken
und meine Armut nicht zu verbergen.
Amen.

23

Was lange währt

PSALM 13

»MEIN HERZ FREUT SICH, DASS DU SO GERNE HILFST.«

Ein schöneres Bekenntnis als diese Psalmworte kann es kaum geben. Die Stimme des Beters lädt mich dazu ein, mein eigenes Ich in sie hineinzulegen. Ich spreche sie achtsam und am besten laut nach. Dabei spüre ich, wie sich auch mein Herz zu freuen beginnt, vielleicht erst noch verhalten und gedämpft, aber das kleine Fünkchen Begeisterung lasse ich mir nicht mehr nehmen. Es ist da und hat die Kraft, ein hell loderndes Feuer in mir zu entfachen. Und der Grund ist mein unbändiges Vertrauen auf Gott. Er ist es, der mir hilft, und das eben nicht aus Gefälligkeit, Pflichtgefühl oder gar Berechnung. Er tut es einfach frei heraus, ja, nichts tut er lieber. »So gerne« hilft er mir.

Wer den 13. Psalm von Beginn an liest, erfährt allerdings, dass diese unbeirrbare Zuversicht einem zähen Ringen und einem ernsten Kampf mit Gott abgetrotzt worden ist. Der Glaube des Beters hat bereits eine gehörige Durststrecke hinter sich, seine Geduld ist schon schwer auf die Probe gestellt worden. Vier Mal hintereinander fragt er seinen Gott, wie lange er sein rettendes Einschreiten noch hinauszögern und den Bedrängten »so ganz vergessen« will (vgl. V.1-3), eine Erfahrung, die Menschen mit Gott immer wieder machen.

Gerade weil sie beispielhaft ist, ist sie in diesem Psalm wie in einer Art Gebetsformular festgehalten. Hier »schaue ich allen Heiligen ins Herz«, wie Luther einmal über die Psalmen geurteilt hat. Und ich erkenne in ihren Gebetsrufen mein eigenes Herz wieder, sein banges Fragen »Wie lange noch?« und zugleich sein trotziges, unbändiges Vertrauen auf Gottes Eingreifen. Der, der mich so ganz vergisst, ist und bleibt doch der, der mir so gerne hilft. An ihn halte ich mich. Ich klammere mich so lange an ihn, bis er endlich das tut, was er für seine Kinder am liebsten tut. »Erwarte nur die Zeit, so wirst du schon erblicken die Sonn der schönsten Freud«, rät und ermuntert uns Paul Gerhardt (EG 361, Strophe 6). Und während ich dies tue, nähre und stärke ich mein Herz. Ich lasse es unermüdlich einstimmen in das Freudenbekenntnis des Beters aus Psalm 13. Mit ihm wächst meine Gewissheit, was ich nach der Zeit des Wartens gleich als Erstes tun werde: »Ich will dem HERRN singen, dass er so wohl an mir tut« (V. 6c).

IMPULSFRAGEN:

- Kenne ich Zeiten in meinem Leben, in denen ich mich von Gott so ganz vergessen fühle?

- Was kann mir helfen, mich in geduldigem Warten zu üben und mein Vertrauen aufrechtzuerhalten?

- Wie möchte ich meiner Freude über Gottes Hilfe am liebsten Ausdruck verleihen?

GEBET:

Allmächtiger Gott und Vater,
ich danke dir, dass du mir so gerne hilfst.
Ich will so gern ausdauernd auf dein Einschreiten warten und
an dir dranbleiben. Dazu brauche ich deine Hilfe.
Öffne mein Herz und meinen Mund, dass ich davon singe und
erzähle, was du für mich getan hast.
Amen.

24

(K)eine Lust

KOLOSSER 3,23

»ALLES, WAS IHR TUT, DAS TUT VON HERZEN ALS DEM HERRN UND NICHT DEN MENSCHEN.«

Fast jeder Mensch kennt Aufgaben, die er nur höchst ungern erledigt. Es kann sich um putzen oder spülen handeln, Formulare ausfüllen, aufräumen, Unkraut jäten oder bügeln. Die Reihe ungeliebter Tätigkeiten ließe sich beliebig fortsetzen. Widerwillen und das Bestreben, möglichst schnell damit fertig zu werden, begleiten unser Tun dann zwangsläufig. Oft sind wir bei solchen Verrichtungen auch gar nicht richtig bei der Sache, in unseren Gedanken und Träumen ganz woanders, wo vermeintlich Angenehmeres auf uns wartet. So menschlich diese Haltung ist, so bedauernswert ist sie auch. Denn mit ihr bringen wir uns nicht nur um eine bewusst erlebte Gegenwart, die einmalig ist und nicht wiederkehrt. Mit ihr verpassen wir auch Gott selbst. »Der Augenblick ist mein. Und nehm ich den in Acht, so ist der mein, der Zeit und Ewigkeit gemacht!«, gibt Andreas Gryphius treffend zu bedenken.

Einen Ausweg aus diesem Dilemma kann uns die umfassende Aufforderung aus dem Kolosserbrief zeigen. Es geht in ihr wirklich um alles, was wir tun und zu tun haben, ganz unabhängig davon, welchen Wert wir unserer Tätigkeit beimessen. Denn entscheidend ist nach den Worten des Apostels allein, für wen ich dies tue. Geht es mir darum, Menschen in irgendeiner Weise damit zu beeindrucken, werden besonders die Tätigkeiten weiterhin unter meiner Unlust leiden, die kaum jemand sieht, weil sie alltäglich und wenig spektakulär sind. Ist aber Gott mein Meister, dem ich es recht machen möchte, dann kann mir selbst die gewöhnlichste Aufgabe immer noch Freude bereiten. Hermann Hesse bringt es so auf den Punkt: »Das Glück ist kein Was, sondern ein Wie.«

Einer, der dieses Glück des Wie gefunden hat, ist Bruder Lorenz gewesen, ein Mönch des Karmeliterordens. Dieser begabte Geistliche musste sich über Jahre hinweg in der Klosterküche bewähren, obwohl er dazu nicht die geringste Lust verspürte. Aber ein einfacher Grundsatz half ihm, Frieden mit diesem Auftrag zu schließen und ihn sogar gern zu erfüllen: »Ich habe mich daran gewöhnt, alles nur aus Liebe zu Gott zu tun und Gott bei jeder Gelegenheit zu bitten, mich mein Werk wohl ausrichten zu lassen. Dann fiel mir alles leicht.« Und Bruder Lorenz unterstreicht: »Gott sieht gar nicht auf die Größe oder Geringfügigkeit unserer Arbeit; nein, er wartet auf die Liebe, mit der wir sie vollbringen.« Wer so ans Werk geht, wird wirklich froh und frei in seinem Tun. Er wird vielleicht sogar Bruder Lorenz beipflichten können, wenn er sagt: »Erfordert es die Liebe zu Gott, dass ich einen Strohhalm von der Erde auflese, so ist das gerade meine Lust.«

Impulsfragen:

- Welche Aufgabe möchte ich gerne mit mehr Freude verrichten?

- Wie kann ich mich darin üben, alles aus Liebe zu Gott zu tun?

- Wo gelingt es mir, das Glück des Augenblicks und der Gegenwart Gottes zu empfinden?

Gebet:

Freundlicher Herr und Vater,
du bist da bei allem, was ich tue.
Hilf mir, deine Anwesenheit im Hier
und Jetzt nicht zu versäumen.
Lass mich aus Liebe zu dir ans Werk gehen
und darin Glück und Erfüllung finden.
Amen.

25

Dich schickt der Himmel

HEBRÄER 13,2

»GASTFREI ZU SEIN, VERGESST NICHT; DENN DADURCH HABEN EINIGE OHNE IHR WISSEN ENGEL BEHERBERGT.«

Dieses Gebot begegnet uns häufiger im Neuen Testament (vgl. Römer 12,13; 1. Petrus 4,9; 3. Johannes 5-8). Auch das Alte Testament weiß davon immer wieder zu berichten. Ausführlich hören wir z.b., wie der Patriarch Abraham drei Fremde zu sich einlädt und sie festlich bewirtet. Seiner Frau Sara trägt er auf, nur »feinstes Mehl« für den Kuchen zu verwenden, unter seinem Vieh sucht er ein »zartes, gutes Lamm« heraus und schlachtet es, dazu reicht er Butter und Milch, allesamt kostbare und seltene Speisen in der kargen Einöde, in der Abraham lebt (1. Mose 18,1ff). Gastfreundschaft ist in den Ländern des Vorderen Orients seit jeher ein Charakteristikum ihrer Kultur. Wer das Glück hat, Menschen aus dem Nahen Osten näher kennenzulernen und mit ihnen ernsthaft in Berührung zu kommen, dem wird schnell auffallen, wie großzügig sie ihr Gegenüber behandeln und aufnehmen. Es ist nicht nur die Üppigkeit der Mahlzeiten, sondern auch die für uns Nordeuropäer unüblich lange Zeit des geselligen Miteinanders, die den hohen Stellenwert der Gastfreundschaft anzeigen.

Auch Jesus nimmt sie ernst und betont dabei, die Auswahl der Gäste nicht nach den Gesichtspunkten verwandtschaftlicher Nähe, nach Sympathie oder persönlichen Vorteilen zu treffen: »Nein, lade Arme, Behinderte, Gelähmte und Blinde ein, wenn du ein Essen gibst. Dann bist du glücklich zu preisen. Denn sie können es dir nicht vergelten; dafür wird es dir bei der Auferstehung der Gerechten vergolten werden« (Lukas 14,13f NGÜ). Gastfreundschaft, die so frei von Berechnung ist, hat doch einen Anwalt im Himmel, der unsere Güte nicht vergisst, sondern sie würdigen wird.

Der Hebräerbrief, dem unser biblisches Motto für diese Andacht entlehnt ist, spricht sogar von Engeln, die wir beherbergen, ohne es zu wissen. Gewiss denkt er dabei auch an das Beispiel Abrahams, dessen Gäste sich schließlich tatsächlich als göttliche Boten herausstellen. Engel haben ja die Eigenschaft, stets inkognito unterwegs zu sein und erst im Nachhinein als solche erkannt zu werden. Vielleicht haben auch Sie schon ihre Abdrücke erst hinterher staunend entdeckt, als Ihre Gäste schon längst weitergezogen waren. Augenscheinlich bemerkten sie einmal meine Eltern, als sie in ihr neues Haus eine große Anzahl Fremder einluden. Am Morgen danach fand meine Mutter allerdings tiefe Kratzer auf dem neuen Parkett, die die Gäste durch das Verrutschen des Sofas verursacht hatten. Mein Vater munterte sie mit den schönen Worten auf: »Sei nicht traurig. Es sind doch die Spuren der Heiligen.«

Impulsfragen:

- Wann habe ich herzliche Gastfreundschaft erfahren?

- Wem möchte ich gerne einmal mein Haus öffnen?

- Welche Gäste haben engelgleiche Spuren bei mir hinter-
  lassen?

Gebet:

Lieber himmlischer Vater,
immer wieder nehmen mich Menschen gastfrei bei sich auf.
Hab Dank für diese kostbaren Erfahrungen.
Mache auch mein Herz weit, andere großzügig zu empfangen.
Begegne mir selbst in denen, die zu mir kommen.
Amen.

26

Nichts wie weg

1. MOSE 19,16

»ALS ABER DIE MORGENRÖTE AUFGING,
DRÄNGTEN DIE ENGEL LOT ZUR EILE ... ALS ER
ABER ZÖGERTE, ERGRIFFEN DIE MÄNNER IHN
UND SEINE FRAU UND SEINE BEIDEN TÖCHTER
BEI DER HAND, WEIL DER HERR IHN
VERSCHONEN WOLLTE, UND FÜHRTEN IHN
HINAUS UND LIESSEN IHN ERST DRAUSSEN VOR
DER STADT WIEDER LOS.«

Es sind Schutzengel, ja wahre Rettungsengel, die in letzter Se-
kunde einschreiten und Lot mit seiner Familie aus Sodom und
Gomorra herausbringen. Kräftig müssen sie zupacken, sogar
handgreiflich werden, denn Lot und die Seinen machen zunächst keinerlei Anstalten, die Flucht zu ergreifen. Sie zaudern,
sind unentschlossen, schenken den warnenden Stimmen der
göttlichen Boten keinen rechten Glauben. Schließlich wohnt
und lebt es sich hier schön in dieser fruchtbaren Gegend, die

Lot mit seiner Familie eigens ausgewählt hatte. Wer trennt sich schon gerne von seinem neuen Zuhause. Und obwohl sie deutlich sehen, dass diese Städte aufgrund der Niedertracht ihrer Einwohner keine Zukunft haben und dem Untergang geweiht sind, hält es sie hier. »So schlimm wird es schon nicht werden«, denken sie sich. »Außerdem ist es bisher immer gut gegangen«, beruhigen sie sich weiter. Den zukünftigen Schwiegersöhnen Lots erscheint die Nachricht von der drohenden Zerstörung ihrer Heimat gar »lächerlich« (V. 14).

Bequemlichkeit sowie ein fast schon zwanghaftes Verharmlosen der dramatischen Situation verhindern beinahe die rettende Flucht. Bis heute ist Lots halbherziges Hinauszögern symptomatisch für unser menschliches Verhalten. Wie zäh halten wir an der Vorstellung fest, dass das eigene Handeln folgenlos bleiben wird. Wie meisterhaft schaffen wir es, drohende Konsequenzen auszublenden, sei es im globalen Zusammenhang beispielsweise im Hinblick auf den Klimawandel, sei es in der persönlichen Lebensführung mit ihren täglichen Herausforderungen.

Albert Einstein sagt treffend: »Die reinste Form des Wahnsinns ist es, alles beim Alten zu lassen und trotzdem zu hoffen, dass sich etwas ändert.« Darum muss Gott schon selbst seine Boten senden, die energisch eingreifen und uns fest an die Hand nehmen. Lot lassen die Engel auch erst dann los, als er weit draußen vor der Stadt angelangt ist; zu groß ist die Versuchung, doch noch zu Liebgewonnenem und Vertrautem zurückzukehren. Seine Frau, die sich aus fataler Anhänglichkeit trotz aller Warnrufe umdreht, erstarrt zur Salzsäule (V. 26). Der Wahnsinn, von dem Albert Einstein spricht, ist nach diesem Zeugnis der Bibel weit verbreitet und hat offenbar bis heute nichts von seiner Anziehungskraft eingebüßt. Aber beherzt zupackende Engel sind da. Wie in unserer Geschichte setzen sie sogar ihr Leben aufs Spiel, um uns zu retten (V. 4-5). Und sie lassen uns, Gott sei Dank, nicht los.

IMPULSFRAGEN:

- Kenne ich Situationen, die ein sofortiges Umsteuern verlangen?

- Was hält mich davon ab, nötige Konsequenzen zu ziehen?

- Welchen Menschen möchte ich fürbittend einen Engel senden, der sie an die Hand nimmt und aus fatalen Bindungen befreit?

GEBET:

Herr und Vater,
du siehst, wie sehr wir Menschen
unsere Zukunft aufs Spiel setzen.
Allein finden wir keine Kraft,
uns aus unserer Trägheit zu befreien.
Wir sind auf dich und deine rettenden Boten angewiesen.
Hilf uns!
Amen.

27

Glück gehabt

SACHARJA 4,6-10

»GLÜCK ZU! GLÜCK ZU!«

»Man muss auch einmal Glück haben im Leben«, höre ich häufiger. Und das stimmt auch. Glück brauchen wir schon, jede und jeder, und wir haben es häufig ja auch. In aller Regel sogar nicht nur einmal, wie es die Redensart behauptet. Wer ernsthaft nachdenkt, wird leicht erkennen, dass unser Leben gewöhnlich nicht einer einzigen Pechsträhne gleicht und sich das Glück nicht nur in ganz seltenen Ausnahmefällen hineinverirrt. Wir haben sprichwörtlich sogar oft mehr Glück als Verstand und mehr, als dieser fassen kann. Und wenn wir ehrlich sind, handelt es sich dabei in vielen Fällen auch nicht um das Glück des Tüchtigen, also doch irgendwie um ein verdientes Geschenk. Vielmehr ist es tatsächlich der reine Zufall, der uns unverhofft überrascht.

In einer riesigen Metropole, in der ich zu später Stunde herumirrte, traf ich auf einen ortskundigen Bekannten, der mich mit seinem Auto mitnahm, mein Gepäck am Bahnhof abholte und mich über zwei Stunden bis zur Haustür fuhr. Eine Freundin, die lange erfolglos nach einem Partner Ausschau gehalten hatte, gab ihre Suche schließlich auf. Just als sie sich das Buch mit dem Titel »Mit Freuden Single sein« gekauft hatte, lief ihr ihr Zukünftiger über den Weg. Von einem Menschen las ich, dass er auf der Zugtoilette ein Bündel mit fünfzig echten Zehnmarkscheinen gefunden hatte. Und das nur, weil ihn ein menschliches Bedürfnis an diesen Ort geführt hatte. Doppeltes Glück: einmal für den erstaunten Finder und dann vor allem für denjenigen, der die Banknoten liegen gelassen hatte. Solch großes Glück gibt es im Leben und daneben auch viel kleines Glück, das aber nicht weniger unglaublich ist: die wunderbaren Nachbarn, mit denen man so prächtig auskommt und die man sich ja nicht ausgesucht hat, den Regenbogen, den ich am Himmel plötzlich entdecke, den Bergahorn vor meinem Fenster, den andere lange vor mir gepflanzt haben und an dem ich das ganze Jahr über Freude habe.

Wir brauchen als gläubige Menschen nicht mit dem Wort Glück zu fremdeln. Es begegnet uns auch in der Heiligen Schrift und das keineswegs in einem trivialen Zusammenhang. Im Buch des Propheten Sacharja geht es um nicht weniger als um den mühsamen Wiederaufbau des zerstörten Jerusalemer Tempels. Gott selbst verspricht, ihn erfolgreich durch seinen Auserwählten Serubbabel abzuschließen. Das Volk antwortet daraufhin mit dem Ruf: »Glück zu! Glück zu!« Es bekennt damit, dass sich Entscheidendes nicht allein unserem sachgemäßen Planen, Können und Wollen verdankt. Zum Gelingen braucht es schlicht und ergreifend auch und gerade Glück. Und als Christen haben wir mit dem Volk Israel das Vorrecht, seine Quelle und seinen Ursprung zu kennen.

Impulsfragen:

- Welche Glücksmomente in meinem Leben fallen mir ein?

- Wo begegnet mir das Glück im Kleinen, Unscheinbaren?

- Was kann mich das Glück hinsichtlich der Art und Weise, wie ich meine Aufgaben gewöhnlich angehe, lehren?

Gebet:

Gütiger himmlischer Vater, Schöpfer aller Dinge,
von dir kommen Glück und Segen.
Staunend entdecke ich ihre Spuren in meinem Leben.
Lass mir das Glück auch weiterhin treu bleiben.
Dir sei Ehre in Ewigkeit.
Amen.

28

Im Schlaf

PSALM 127,1-2

»DENN SEINEN FREUNDEN GIBT ER ES IM SCHLAF.«

Ein prominenter Politiker wurde während des Wahlkampfes gefragt, wie er es denn schaffen wolle, die schlechten Umfragewerte seiner Partei noch zu drehen. Seine Antwort: »Wir werden uns einfach noch mehr anstrengen und noch weniger schlafen.« Eine durchaus nachvollziehbare Aussage, vermutlich hätten die meisten Menschen nicht wesentlich anders reagiert. Unser Psalmwort stellt diesen Zusammenhang allerdings geradewegs auf den Kopf: das Plus an Arbeits- und Schaffenszeit, die man durch ein Minus an Schlaf gewinnt, bringt kein besseres Resultat. Vielmehr betont es sogar die Vergeblichkeit solcher Bemühungen: »Es ist umsonst, dass ihr früh aufsteht und hernach lange sitzet und esst euer Brot mit Sorgen.« In biblischen Zeiten ohne künstliches Licht blieb einem, wenn man das Äußerste aus dem Tag herausholen wollte, nur die Möglichkeit, ganz zeitig bei Sonnenaufgang ans Werk zu gehen. Heute ist hingegen das andere Extrem verbreiteter, dass Menschen den Feierabend immer weiter hinausschieben und buchstäblich die Nacht zum Tage machen, bevor sie zu abenteuerlichen Zeiten ins Bett fallen. Gar nicht einmal selten erhalte ich dienstliche E-Mails, die weit nach Mitternacht verfasst sind.

Immer gibt es noch dies und das zu tun. Die Unfähigkeit, rechtzeitig damit Schluss zu machen und bis dahin Unerledigtes vorläufig ruhen zu lassen, ist aber letztlich Ausdruck mangelnden Vertrauens. Hinter solch ungebremstem Arbeitseifer verbirgt sich die heimliche Sorge, dass unsere Welt und mein kleines Leben einstürzen könnten, sobald ich die Hände in den Schoß lege. Dabei geht es, Gott sei Dank, auch und oft sogar besser ohne mich. Ungestört, im Verborgenen richtet Gott am liebsten sein Werk aus. Unser Vertrauen schätzt er mehr als unseren Eifer.

Seine Freundinnen und Freunde wissen dies. Denn als solche kennen und lieben sie ihn ja und er kennt und liebt sie. Sie können gelassen ihre Arbeit aus der Hand legen, den Abend als sorgenfreie Zeit feiern und sich auf die Nacht vorbereiten. Ihnen gibt es der Herr im Schlaf: vertrauensvolles Ruhen, gesegnete Träume, neue Kraft, Ideen und Schwung am nächsten Tag. »Man dient Gott auch durch Nichtstun, ja durch nichts mehr als durch Nichtstun«, hat Martin Luther einmal seinem stets geschäftigen Freund Philipp Melanchthon geraten. Unser Schlaf ist in diesem Sinne ein besonderer Gottesdienst, ja eine einzigartige Ausdrucksmöglichkeit unseres Glaubens, die Gott allein ans Ruder lässt.

IMPULSFRAGEN:

- Welche Gefühle löst der Anblick eines schlafenden Kindes bei mir aus?

- Was hält mich davon ab, Arbeit und Sorgen rechtzeitig sein zu lassen und mich solchem Schlaf hinzugeben?

- Wie gehe ich mit der Erfahrung anhaltender Schlaflosigkeit um? Wie nehme ich dann Gottes Gegenwart in solch einsamen, quälenden Stunden wahr?

GEBET:

Schöpfer Himmels und der Erde,
ich danke dir, dass Tag und Nacht deine Sorge sind.
Hilf mir, meine Arbeit aus meiner Hand in deine zu legen.
Schenke mir erholsame und gesegnete Ruhe.
Sei den Menschen nahe, die nicht gut schlafen können.
Amen.

29

Schuld und Sühne

2. SAMUEL 11,1-12,24

»DA SPRACH DAVID ZU NATHAN: ›ICH HABE GESÜNDIGT GEGEN DEN HERRN.‹«

Schonungslos ehrlich zeigt die Heilige Schrift die Verfehlungen der Menschen auf. Selbst der legendäre König David wird davon nicht ausgenommen. Es zieht ihn zu Bathseba, der Frau seines Söldners Uria, der für ihn in den Kampf gezogen ist. Bathseba wird schwanger von David. Um seinen Ehebruch zu vertuschen, sorgt er dafür, dass Uria an der Front fällt. Wenig später heiratet er dessen Frau und freut sich über das gemeinsame Kind (vgl. 2. Samuel 11,1-27). Am Hof, wo die Affäre des Königs gewiss nicht unentdeckt geblieben ist, schweigt man und schaut lieber weg. Nur einer tut dies nicht: »Aber dem HERRN missfiel die Tat, die David getan hatte« (2. Samuel 11,27b). Und er belässt es nicht bei seinem Unmut, sondern handelt.

Er schickt seinen Propheten Nathan zu David. Der König, be-rauscht von Macht und Begierde, hat darüber sein Gewissen eingebüßt. Gott sei Dank, weckt Nathan es wieder auf. Hoffnungslos verloren wäre David sonst ohne den Dienst des Propheten gewesen. Aber »Gott lässt den verkommenen König nicht gnadenlos verkommen« (Fulbert Steffensky). Nathan erzählt David die Geschichte eines reichen Mannes, der sich das einzige Schaf eines Armen nimmt, um es seinem Gast vorzusetzen. Sofort ist David auf dem Plan und befiehlt aufgebracht, den kaltblütigen Dieb hinzurichten. Wie leicht fällt es, das Unrecht anderer zu sehen, wie schwer ist es hingegen, das eigene zu erkennen. Nathan muss David erst die Augen öffnen: »Du bist der Mann!« (2. Samuel 12,7), sagt er ihm geradewegs ins Gesicht. Reich an Frauen hat sich der Herrscher die einzige eines anderen skrupellos genommen. Das Urteil hat sich David mit seiner harschen Strafansage selbst gesprochen.

Jetzt zeigt der König allerdings Größe. Er bekennt sich schuldig: »Ich habe gesündigt gegen den HERRN.« Es wäre ein Leichtes für ihn gewesen, den unbequemen Ankläger aus dem Weg zu räumen. Es hätte nahegelegen, die Schuld auf andere, in diesem Fall auf Bathseba, zu schieben oder sie als ein dem König zustehendes Kavaliersdelikt zu verharmlosen. Aber David hat den Mut, »Ich« zu sagen und nichts zu entschuldigen. Er gibt sich im Angesicht Nathans die Blöße. Er gesteht, dass er sich durch seinen Ehebruch und Mord nicht nur an Uria, sondern letztlich an Gott vergangen hat. Als Zeichen, dass niemand folgenlos Gottes Gebote mit Füßen treten und ihn und seine heilsame Ordnung verächtlich machen darf, wird David gestraft (2. Samuel 12,14). Gott lässt seiner nicht spotten. Aber er vergibt auch und gewährt David schließlich einen Neuanfang. Der König erfährt, was Paul Gerhardt in einem Lied bekennt: »Du strafst uns Sünder mit Geduld und schlägst nicht allzu sehr. Ja, endlich nimmst du unsre Schuld und wirfst sie in das Meer« (EG 324, Strophe 9).

IMPULSFRAGEN:

- Welche Schuld verberge ich lieber?

- Wer ist mir zum Nathan geworden, der mein Gewissen aufgeweckt und mich zur Besinnung gerufen hat?

- Was hilft mir, dann den Mut zu finden und »Ich« zu sagen?

GEBET:

Heiliger und barmherziger Herr,
lehre mich, dem Ernst meiner Schuld ins Auge zu sehen.
Hilf mir zu begreifen, was es heißt:
»Bei dir ist die Vergebung, dass man dich fürchte«
(Psalm 130,4).
Amen.

30

Gute Mächte

APOSTELGESCHICHTE 12,1-17

>»SO WURDE NUN PETRUS
IM GEFÄNGNIS FESTGEHALTEN;
ABER DIE GEMEINDE BETETE OHNE
AUFHÖREN FÜR IHN ZU GOTT.«

»Betest du noch für mich?«, fragte mich jemand, der sich in einer tiefen Lebenskrise befand. Und seine flehentlichen Worte erinnerten mich daran, wie oft ich mich an andere mit diesem Anliegen wende. Wie viel Kraft und Zuspruch spüre ich dann, wenn sie mir versprechen, meine Bitte zu erfüllen. Als Christen brauchen wir immer wieder die Versicherung, dass Glaubensgeschwister für uns vor Gott eintreten. Im Jüdischen lautet ein Sprichwort: »Für jemanden beten heißt, ihm einen Engel zu senden.« Himmlische Wegbegleiter, gute Mächte – wer könnte und wollte auf ihre vielfältigen Dienste verzichten? Der Apostel Petrus erfährt ihre Hilfe in schier auswegloser Situation. Als er von König Herodes eingekerkert ist, tritt mitten in der Nacht ein göttlicher Sendbote in seine Zelle, löst seine Fesseln und führt ihn hinaus zu seiner Gemeinde in Jerusalem. »Ohne Aufhören« hatte diese im Gebet um seine Freiheit gerungen. Als Petrus dann tatsächlich an ihre Tür klopft und hineinmöchte, kann es zunächst niemand fassen, zu wunderbar erscheint diese Befreiung. »Des Gerechten Gebet vermag viel, wenn es ernstlich ist«, heißt es im Jakobusbrief (5,17). Von der Wahrheit dieser mutmachenden geistlichen Einsicht sind die Gemeindeglieder offenbar selbst überrascht und überwältigt.

Zu ihr gehört allerdings auch die andere Erfahrung, die dieselbe Gemeinde kurz zuvor machen musste. Ein anderer Apostel, Jakobus, um den sie gewiss nicht weniger gerungen hatte, wurde von Herodes hingerichtet. Des Gerechten Gebet kann und vollbringt viel, sehr viel sogar, aber nicht alles. Und die Engel, die durch diesen Hilferuf in Bewegung gesetzt werden, verfügen über große Kraft und Stärke, aber allmächtig sind sie nicht.

Wie gehen wir mit dieser Erfahrung um? Es gehört jedenfalls zur Aufrichtigkeit des Glaubens, die Augen vor ihr nicht zu verschließen. »Glaube«, sagt der Theologe Karl Rahner, »heißt, die Unbegreiflichkeit Gottes ein Leben lang auszuhalten.« Es bleibt unbegreiflich, wie Gott auf unsere Gebete antwortet. Die unterschiedlichen Schicksale beider Apostel zeigen es uns.

Aber wer jetzt sagt »Entweder – Oder!«, der beraubt sich selbst der schönsten Erfahrungen, die ein gläubiger Mensch machen kann: Gott geht auf mein Flehen ein, mein Bitten bewirkt Wunderbares, das mir unglaublich erscheint. Noch nie ist mir ein Christ begegnet, der nicht wenigstens einmal vom Eingreifen guter Mächte berichten konnte. Der Schmerz manch unerfüllter Gebete bleibt bestehen. Halten wir ihm stand. Und hören wir wie die Gemeinde in Jerusalem dennoch nicht auf, anderen durch unsere Fürbitte einen Engel zu senden.

Impulsfragen:

- Kann ich Glaubensgeschwister darum bitten, für mich zu beten?

- Was hilft mir, in meinem Gebet für andere nicht nachzulassen?

- Welche Erfahrungen sind mir im Blick auf erhörte Gebete besonders wertvoll?

Gebet:

Barmherziger Gott und Vater,
hilf uns, die uns anvertrauten Menschen vor dich zu bringen.
Schenke uns dafür Beharrlichkeit und Zutrauen.
Sende auch uns das freundliche Geleit
deiner himmlischen Boten.
Amen.

31

Sorglos

1. PETRUS 5,7

»ALLE EURE SORGE WERFT AUF IHN; DENN ER SORGT FÜR EUCH.«

Eine humorvolle jüdische Anekdote handelt von dem Händler Samuel und seinen großen Problemen. Die Geschäfte laufen schlecht. Von seinem Nachbarn Rosenberg musste er sich deswegen bereits eine große Summe Geld, rund 500 Dollar, leihen. Nachts schläft er seitdem nicht mehr. Seine entnervte Frau stellt ihn daraufhin zur Rede. Er beichtet ihr alles, auch die Tatsache, dass er seine Schulden unmöglich fristgerecht zurückzahlen kann. »Das ist alles?«, fragt sie ihn verständnislos. Dann öffnet sie das Fenster und brüllt in die Nacht hinaus: »Rosenberg, mein Mann ist bankrott, die 500 Dollar kann er dir morgen nicht zurückgeben.« Dann legt sie sich wieder hin und meint zu ihrem Mann: »So, jetzt kannst du endlich wieder ruhig schlafen. Denn jetzt hat Rosenberg die Sorgen.«

Wem es schon einmal wie Samuel ergangen ist, wird seine Unruhe gut nachempfinden können. Sorgen rauben uns den Schlaf und Anlässe dafür gibt es leider viele, es sind bei Weitem nicht nur finanzielle Engpässe, die uns bedrücken können. Um diese Last von uns zu nehmen, fordert uns die Heilige Schrift immer wieder dazu auf, unsere Sorgen abzugeben. Es lohnt sich daher, einige dieser Aufrufe auswendig zu lernen und sie sich immer wieder zuzusprechen (vgl. z.B. neben 1. Petrus 5,7 auch Psalm 55,23). Auch Jesus mahnt eindringlich: »Sorget nicht um euer Leben!« (Matthäus 6,24-34). Er begründet es zum einen damit, dass unsere Sorgen ohnehin nichts ausrichten können, da unser Leben nicht in unserer Hand liegt und wir keinen entscheidenden Einfluss darauf haben. Wir *können* als Menschen beim besten Willen also gar nicht für unser Leben sorgen und sollen es uns darum auch nicht anmaßen. Und zum anderen *brauchen* wir es auch gar nicht. Ein anderer tut es. »Euer himmlischer Vater« nennt ihn Jesus. Er weiß und gibt, was wir brauchen. »Er sorgt für euch«, bekräftigt der 1. Petrusbrief. Wer sich sorgt, macht sich zu groß und Gott zu klein. Denn was er von Gott nicht erwartet, bürdet er sich selbst auf und übernimmt sich damit nur.

Die lebenskluge Ehefrau Samuels tut daher das einzig Richtige. Sie bringt ihren Mann zunächst dazu, sich auszusprechen und seine Sorgen endlich mit ihr zu teilen. »Du sollst dein Kreuz nicht heimlich tragen«, rät schon der Mystiker Gerhard Tersteegen. Und sie behält diese Not dann nicht für sich, sondern wirft sie dem hin, den sie angeht. Im Unterschied allerdings zum geschädigten Gläubiger Rosenberg schaden Gott unsere Sorgen nicht. Sein Vaterherz ist groß und weit und verkraftet sie im Gegensatz zu uns, deren Herz so viel anfälliger ist. Darum lassen wir ihm, was uns bedrückt. Die Bibel macht dabei keine halben Sachen. Der 1. Petrusbrief meint wirklich »*alle* eure Sorge«, die die Christen Gott im Gebet zuwerfen sollen.

IMPULSFRAGEN:

- Welche Sorgen schleppe ich mit mir herum?

- Welche Menschen möchte ich dazu ermutigen, ihre Sorgen mitzuteilen und sich auszusprechen?

- »Es *muss* erbeten sein«, betont Paul Gerhardt. Welche konkreten Anlässe zur Sorge möchte ich im Gebet Gott allein überlassen?

GEBET:

Lieber himmlischer Vater,
du willst nicht, dass wir unseren Lebensmut
über unserer Sorge verlieren.
Hilf uns darum, alles, was uns belastet, dir anzuvertrauen.
Du sorgst für uns und für die Menschen,
die uns am Herzen liegen.
Amen.

32

Familie

Johannes 19,26f

**»Jesus spricht zu seiner Mutter:
Frau, siehe, das ist dein Sohn!
Danach spricht er zu dem Jünger:
Siehe, das ist deine Mutter!«**

Philipp wird im Kindergottesdienst gefragt, ob er sich denn nicht auch darauf freue, einmal in den Himmel zu kommen. Philipp überlegt und verneint dann entschieden. Zur Begründung zeigt er auf die anderen Kinder und spricht: »Aber doch nicht mit dem Haufen da.« Eine Antwort, die uns in ihrer Direktheit auch etwas schmunzeln lässt. Zugleich weist sie schonungslos ehrlich auf eine Realität hin, die sich in der christlichen Gemeinde von Anfang an widerspiegelt. Wie viel Trennendes gibt es in ihr. Die Unterschiede nach Geschlecht, sozialem Stand, theologischer Ausrichtung oder einfach nach Sympathie können gravierend sein und leicht zur Spaltung führen. Selbst von der Urgemeinde in Jerusalem, von der es heißt, sie sei »täglich einmütig beieinander« gewesen (Apg 2,45f), wird wenig später von einem ernsthaften Konflikt berichtet. Er entzündet sich an der Ungleichbehandlung der bedürftigen Witwen, die sich aus ihrer unterschiedlichen Herkunft ergab (Apg 6,1).

Gerade weil das Miteinander unter Christen oft problematisch und die Gefahr daher groß ist, sich lieber gleich von »dem Haufen da« zu verabschieden, betont die Bibel, wie nötig es ist, die Gemeinschaft dennoch aufrechtzuerhalten. Das biblische Wort für diese Andacht ist eines der letzten Worte Jesu, gewissermaßen sein Testament. Zwei Menschen, seine Mutter Maria und seinen Jünger Johannes, erklärt er wechselseitig zu engsten Verwandten, ja zu Mutter und Sohn. Was beide in diesem Augenblick verbindet, ist allein der Ort, an dem sie gemeinsam stehen, das Kreuz Jesu. Ausgerechnet hier, wo alle menschlichen Verhältnisse zueinander ausgelöscht werden, stiftet Jesus eine neue Beziehung. »Seine Todesstunde wird zur Geburtsstunde einer neuen Familie: der Familie Gottes« (Burghard Krause).

Die Mütter und Söhne, Väter und Töchter, allesamt Schwestern und Brüder, die zu dieser neuen Familie gehören, haben ihren Ursprung unter dem Kreuz. Sie alle bekennen: Wir brauchen diesen Ort der Versöhnung und Vergebung. Niemand von uns ist so gerecht, dass er anderswo angemessener aufgehoben wäre. Nur wenn jede und jeder sich immer wieder neu unter das Kreuz stellt, erneuern sich unsere zerbrechlichen Familienbande.

Friedrich von Bodelschwingh wurde 1945 gefragt, wie die Kirche nun mit denjenigen in ihren Reihen umgehen sollte, die anders als er ihre feigen und anbiedernden Kompromisse mit der braunen Diktatur eingegangen waren. Es lag nahe, sich konsequent von ihnen loszusagen. Der standhaft gebliebene Leiter der Bethelschen Anstalten antwortete: »Wir leben alle aus *einer* Gnade.« Als solche stehen wir alle unter *einem* Kreuz. Was daraus folgt, zeigt nach dem Johannesevangelium die Reaktion auf die letzten Worte Jesu: »Und von der Stunde an nahm sie der Jünger zu sich« (V.27).

IMPULSFRAGEN:

* Unter welchen Konflikten in der Gemeinde leide ich?

* Wen möchte ich von Neuem als Geschwister im Herrn ansehen?

* Wo erfahre ich es als Reichtum, Teil der Familie Gottes zu sein?

GEBET:

Herr Jesus Christus,
ich danke dir, dass du deine Kinder
unter deinem Kreuz versammelst.
Lehre uns, uns als deine Familie anzusehen.
Überwinde so alles, was uns noch voneinander trennt.
Amen.

33

Geschenk

1. KORINTHER 4,7

»WAS HAST DU, DAS DU NICHT EMPFANGEN HAST?«

Unermesslich groß ist das Land des Empfangens. Jeder Mensch ist darin zu Hause, ganz unabhängig davon, ob er oder sie dies wirklich weiß. Allein schon die Tatsache, dass wir sind und leben, verdankt sich diesem Umstand. Niemand hat sich selbst gemacht, wir *wurden* geboren, waren also ganz passiv, als wir das Licht der Welt erblickten. Die deutsche Sprache kennt noch den Ausdruck der »Empfängnis« für das Ereignis, dass eine Frau ein Kind zur Welt bringt. In Anzeigen heißt es dann: »Uns ist eine kleine Tochter/ein kleiner Sohn *geschenkt* worden.«

In dieser Formulierung steckt noch eine weitere wunderbare Wahrheit. Unser Leben ist nicht nur ein Geschenk, das wir empfangen, es ist zugleich ein Geschenk für andere. Dass es mich gibt, macht andere schon zutiefst froh und dankbar. Hoffentlich kennt jede und jeder von uns Menschen, die wir durch unsere Geburt beglückt haben. Ihre Freude wird zum unentbehrlichen Nährboden meiner Lebensfreude. Nicht oft genug konnte mir mein Vater die Geschichte von meinen vier älteren Geschwistern erzählen, wie sie am Morgen von meiner Geburt erfuhren. Sie tobten vor Freude auf ihren Betten und hätten mich kleines Bündel am liebsten gleich mit in die Schule genommen und mich dort stolz präsentiert.

Wir empfangen uns und andere empfangen durch uns. Und die Liste, was wir alles durch und über unser Leben hinaus geschenkt bekommen, ist schier unendlich. Matthias Claudius führt in seinem Gedicht »Täglich zu singen« neben der Tatsache, dass wir ein »schön menschlich Antlitz« tragen, noch etwas ganz Elementares auf: dass wir tagsüber die Schönheit dieser Welt, »Sonne, Berg und Meer, Laub und Gras«, sehen und abends unter dem leuchtenden Firmament gehen können. Was für ein Vorrecht! Einfach gratis vom Schöpfer verliehen! Unser Leben und die Fülle aller seiner Lebensäußerungen – sehen und gehen, lachen und weinen, lieben und staunen, schmecken und riechen – machen uns zu begabten, ja zu »hochbegabten Menschen« (Reinhard Deichgräber).

Wer die von Paulus rhetorisch gestellte Eingangsfrage dieser Andacht ernst nimmt, wird sogar das als Gabe anerkennen, auf das wir vermutlich lieber verzichteten: unsere Fehler und Mängel. Aber auch sie sind uns mitgegeben, jeder und jedem ganz einzigartig. Und sie sind bei aller Last auch ein Geschenk – und nicht das schlechteste. Dank ihrer braucht niemand vollkommen zu sein. Sie machen uns menschlich und darum erst liebenswert. Nahezu Tadellose und Fehlerfreie kann man zwar bewundern, aber sie wirklich zu lieben, fällt schwer. Darum freunden wir uns mit unseren Schwächen an! Gerade im

Hinblick auf sie trifft das Wort zu: »Nichts ist verwerflich, was mit Danksagung empfangen wird« (1. Timotheus 4,4).

IMPULSFRAGEN:

- Halte ich der Wahrheit stand, dass ich ein Geschenk für andere bin?

- Welche Begabungen erfreuen mich am meisten?
- Welche liegen vielleicht noch brach oder warten erst noch darauf, von mir ausprobiert und entdeckt zu werden?

GEBET:

Gütiger Schöpfer,
aus deiner Fülle empfange ich so vieles.
Öffne meine Augen dafür, wie reich ich von dir beschenkt bin.
Lehre mich das Staunen darüber.
Amen.

34

Wo man singt

PSALM 96

»SINGET DEM HERRN EIN NEUES LIED!«

Einen Mann, der nach einem Schiffbruch mehrere Tage einsam in einem Schlauchboot auf hoher See umhertrieb, fragte man nach seiner glücklichen Rettung, wie er diese schier aussichtlose Situation überstanden habe. Er antwortete: »Immer, wenn mich meine Hoffnung ganz und gar verlassen wollte, habe ich angefangen, Weihnachtslieder zu singen. Die kannte ich noch aus meiner Kindheit. Sie haben in mir schon früher Freude und Zuversicht geweckt.« Auch wenn ich solche Extreme nicht durchmachen musste, kann ich diesem Menschen nur von ganzem Herzen beipflichten: Singen stärkt unseren Lebensmut wie kaum eine andere Tätigkeit. Dabei erlebe ich deutlich einen Unterschied, ob ich nur Musik höre oder selbst Töne mit meiner eigenen Stimme hervorbringe. Dieses Vorrecht haben wir Menschen im Vergleich zu anderen Lebewesen, dass wir unsere Stimme herrlich variieren können: laut und leise, hoch und tief, schnell und langsam. Wir sind das Säugetier, das singen kann!

Und niemand sollte dem häufig vorgebrachten Einwand Glauben schenken, er oder sie könne nicht singen oder sei leider völlig unmusikalisch. Sicher, Qualitätsunterschiede bestehen und unter allen Sängerinnen und Sängern gibt es besonders begabte, die vielleicht sogar professionell tätig sind. Aber grundsätzlich gilt: Wir sind alle musikalisch und haben von unserem gütigen Schöpfer eine wunderbare und unverwechselbare Stimme zum Singen verliehen bekommen. Vielleicht haben wir sie nur lange nicht mehr gehört und erprobt und dadurch unser Zutrauen zu ihr verloren. Ölen wir sie, setzen wir sie wieder in Bewegung, so wie ein rostig gewordenes Fahrrad durch etwas Pflege und regelmäßigen Gebrauch wieder langsam in Schwung kommt und uns zugleich in Schwung bringt. Wir spüren dann, dass das Singen etwas aus uns macht, uns still und heimlich neuen Mut zuspielt. Wie ein Antidepressivum verscheucht es das, was uns niederdrückt, und sei es für den einen Moment, in dem ich meine ganze Widerstands- und Trotzkraft in meine Stimme hineingelegt habe. Heinrich Heine hat es offenbar ausprobiert:

»Ich, ein tolles Kind, ich singe
jetzo in der Dunkelheit;
Klingt mein Lied auch nicht ergötzlich,
hat's mich doch von Angst befreit.«

Als gläubige Menschen kennen unsere Lieder ihren Adressaten. »Singet dem HERRN ein neues Lied!«, ruft uns der 98. Psalm zu. Ihm singe ich mein Lied und es ist stets ein Neues, so wie ich in jedem wechselnden Augenblick anders gestimmt bin. Lob- und Danklieder, die mir leicht über die Lippen gehen, Klagelieder, bei denen sich mir vor Trauer die Lippen kaum öffnen wollen, Lieder voller Zutrauen gegen mein Zittern und Zagen. Unsere Gesangbücher bergen einen reichen Schatz an Liedern. Die meisten haben so viel Kraft und Substanz, dass sie sich nicht abnutzen und wie ein Kaugummi ihren Geschmack schnell einbüßen. Also, stärken wir unsere Lebensfreude!

IMPULSFRAGEN:

- Was kann mir helfen, Zutrauen zu meiner Stimme zu finden?

- Wie kann ich regelmäßiges Singen in meinen Alltag einbauen?

- Welche geistlichen Lieder bedeuten mir viel?

GEBET:

Himmlischer Vater,
du hast mir eine wunderbare Stimme geschenkt.
Dir will ich darum mein Lied singen – täglich neu!
Wecke und erhalte in mir die Freude an Gesang und Musik!
Amen.

35

Den richtigen Ton treffen

PSALM 136

»… DENN SEINE GÜTE WÄHRET EWIGLICH.«

Unmittelbar vor einem klassischen Konzert hört man, wie die Künstlerinnen und Künstler auf der Bühne ihre Instrumente zunächst reichlich durcheinander erklingen lassen. Jedes Instrument variiert beim Einspielen Lautstärke, Tempi und Tonfolge, ohne auf andere zu achten. Dann wird es plötzlich still. Nur noch die Oboe ist zu hören und gibt das »a« vor. Der Konzertmeister nimmt diesen Ton von der Oboe ab und anschließend stimmen sich alle Instrumente auf ihn ein. Ein harmonischer Klang ertönt. Jetzt tritt der Dirigent auf, das Konzert beginnt. Diese einstudierte Orchesterpraxis zeigt, wie wichtig es ist, auf einen Grundton zu hören, ihn abzunehmen und sich auf ihn einzustimmen. Nur so ertönt dann ein harmonisches Kunstwerk.

Auch unser Leben durchzieht ein- und derselbe Grundton. Er ist uns immer vorgegeben, mal sehr deutlich und vernehmbar, in manchen Zeiten auch nur schwach und leise, aber niemals verschwindet und verstummt er ganz. Der Schöpfer selbst stimmt ihn an und es ist an uns, ihn zu hören, abzunehmen und unser Instrument nach ihm zu stimmen. Man kann ihn als Grundton »g« bezeichnen, der unablässig erklingt, »g« steht für Güte und für die Quelle aller Güte, für Gott. Im 136. Psalm hallt er in immer neuen Anläufen wider. Jeder einzelne Vers beschreibt Gottes wunderbares Tun in der Natur und der Geschichte seines Volkes und antwortet zugleich wie ein Echo darauf mit dem Bekenntnis: »Denn seine Güte währet ewiglich.«

Wer wach und aufgeweckt ist, der hört, sieht und schmeckt diesen Grundton täglich von Neuem. Und er oder sie wird nicht stumm bleiben und schweigen, sondern mit allen anderen musizierenden Geschöpfen in dieses Lob mit einstimmen – ganz nach den Worten Paul Gerhardts: »Ich selber kann und mag nicht ruhn, des großen Gottes großes Tun erweckt mir alle Sinnen; ich singe mit, wenn alles singt, und lasse, was dem Höchsten klingt, aus meinem Herzen rinnen« (EG 503, Strophe 8). An einem solchen Konzert, einer solche Sinfonie hat der Höchste seine Freude und wir und alle seine Werke mit ihm. »Loben zieht nach oben!«, heißt es schon sprichwörtlich.

Doch wie oft werden wir nach unten gezogen. Wie leicht überkommt uns schlechte Laune, ist unser Instrument verstimmt und klingt nicht mehr, sondern scheppert nur noch. Den Grundton der Güte hören wir nicht mehr, sind für ihn nicht mehr empfänglich. Manchmal reicht dafür schon etwas nasskaltes Wetter, gepaart mit Müdigkeit, sodass unsere gesamte Grundstimmung dahin ist. Zum Glück lässt sich der Schöpfer dadurch nicht verdrießen. Den Grundton unseres Lebens gibt er weiter unbeirrbar vor. Er kann ja gar nicht anders, »denn seine Güte währet *ewiglich*«. Hören wir also diesen immer-währenden Ton, nehmen ihn ab und stimmen uns mit allem, was lebt, auf ihn ein.

IMPULSFRAGEN:

- Was bringt mich dazu, die Güte aus den Augen zu verlieren?

- Wo höre ich ihren Grundton und kann mich auf ihn einstimmen?

- Welcher Mensch aus meinem Umkreis klingt verstimmt und braucht meine Fürbitte und Zuwendung?

GEBET:

Barmherziger Gott und Vater,
die Erde ist erfüllt von deiner Güte.
Lehre mich, sie staunend wahrzunehmen.
Hilf mir, meine Lebensmelodie danach auszurichten
und das Lied von deiner Güte mit anzustimmen.
Amen.

36

Nur keine Scheu

MARKUS 10,46-52

»WAS WILLST DU, DASS ICH FÜR DICH TUN SOLL?«

Diese Frage richtet Jesus an den blinden Bettler Bartimäus, der sich Hilfe suchend an ihn gewandt hat. Warum fragt er ihn überhaupt? Es ist doch offensichtlich, was dieser von ihm will. In einer anderen Wundergeschichte wird sogar berichtet, wie Jesus einem Menschen, der bereits 38 Jahre lang gelähmt ist, die Frage stellt: »Willst du gesund werden?« (Johannes 5,6). Doch damit gibt er den Betroffenen die einmalige Gelegenheit, ihre ureigensten Bedürfnisse endlich auszusprechen und ihre Stimme nicht länger beschwichtigen oder unterdrücken zu lassen.

Wie viele Menschen tun sich schwer damit, frei und offen zu sagen, was sie wirklich wünschen. Die umgekehrte Erwartungshaltung, was wir für andere tun sollen, ist uns vertrauter.

Die meisten haben sie schon längst so sehr verinnerlicht, dass sie Jesu Frage, was er für sie tun soll, völlig verunsichert. Als Kind trug ich ganz unbedarft einen Pullover mit der englischen Aufschrift: I want, I want, I want (Ich will, ich will, ich will). Die Erwachsenen, die mich darin sahen, lächelten oft milde und dachten wohl im Stillen, dass es dieses Kleidungsstück ja auch nur in Kindergröße gab. Im Laufe der Jahre würde ich schon aus ihm und seiner sich darin aussprechenden fordernden Haltung nicht nur körperlich herauswachsen. Jesus hingegen stellt die Kinder bewusst in den Mittelpunkt und ruft dazu auf, sie zum Vorbild zu nehmen (Markus 10,13-16). Und dazu zählt auch, Jesus beim Wort zu nehmen und ihm zu sagen, was ich will und was er für mich tun soll, und zwar ohne schlechtes Gewissen, ohne die heimliche Sorge, als unverschämt oder gierig dazustehen. Bartimäus wagt es: »Rabbuni (mein Meister), dass ich sehend werde«, antwortet er Jesus frei heraus und verzichtet auf weitere umständliche Erklärungen.

Der Blinde musste dazu eine Menge Widerstände überwinden. Die Menschen um ihn herum waren ihn zuvor heftig angegangen und hatten versucht, ihn zum Schweigen zu bringen (Vers 48). Wer sich wie Bartimäus traut, Ich zu sagen und seinem Herzenswunsch Gehör schaffen will, muss mit solchen Reaktionen rechnen. Oft steckt der Feind auch in mir selbst und redet geschickt und eindringlich auf mich ein, dass mein Wollen und Wünschen selbstbezogen und egoistisch sei. Aber einen mächtigen Verbündeten habe ich auf meiner Seite: Jesus. Er holt Bartimäus zu sich. Und die, die den Blinden eben noch laut einzuschüchtern versuchten, muntern ihn nun zu diesem Schritt auf: »Sei getrost, steh auf! Er ruft dich!« (Vers 49). Und ich? Was will ich, dass Jesus für mich tun soll? Nur keine Scheu, er ruft mich schon!

Impulsfragen:

- Wo erlebe ich Widerstände, wenn es darum geht zu sagen, was ich gerne will?

- Sehe ich in Jesus eher denjenigen, der etwas von mir will, oder vielmehr einen, der nach meinen Wünschen fragt?

- Habe ich schon einmal erlebt, dass mich Menschen dazu ermutigt haben, für meine Bedürfnisse einzustehen?

Gebet:

Herr Jesus Christus,
du gehst uns nach und fragst uns, was du für uns tun sollst.
Gib uns den Mut und das Vertrauen, dich beim Wort zu
nehmen und dir ehrlich zu sagen, was uns fehlt.
Von dir erwarten wir Hilfe und Heilung.
Amen.

37

Der entscheidende Unterschied

LUKAS 15,11-31

»ALS ER ABER NOCH WEIT ENTFERNT WAR,
SAH IHN SEIN VATER UND ES JAMMERTE IHN;
ER LIEF, FIEL IHM UM DEN HALS UND KÜSSTE
IHN. ... DA WURDE ER ZORNIG UND WOLLTE
NICHT HINEINGEHEN. DA GING SEIN VATER
HINAUS UND BAT IHN.«

Zwei Szenen aus der bekannten Gleichniserzählung Jesu »Vom
verlorenen Sohn« sind hier festgehalten. Die erste handelt von
der Rückkehr des jüngeren Sohnes, die zweite von der Weige-
rung seines älteren Bruders, am Freudenfest über dieses völlig
unverhoffte Ereignis teilzunehmen. Der Vater der beiden Söhne spielt in beiden Szenen die Hauptrolle und gibt der Handlung die entscheidende Richtung vor. Was ihn dazu antreibt,
ist sein unbändiges Verlangen nach seinen Kindern, seine Liebe, die keinen der Söhne aufgibt und sich selbst überlässt. Von
seiner Stellung her, die einem Hausherrn und Patriarchen im

Orient zukommt, hätte er dazu Grund gehabt, zumal er von den eigenen Kindern in seiner Ehre und Würde tief verletzt worden war. Der jüngere Sohn fordert sein Erbteil noch zu Lebzeiten des Vaters und erklärt diesem damit, dass er ihn am liebsten schon tot sähe. Und was er mit dem kostbaren Erbe dann anstellt, spricht Bände (V. 13). Der ältere bleibt dem späteren frohen Festtreiben demonstrativ fern, brüskiert damit seinen Vater als Gastgebenden und verweigert ihm schließlich sogar die Anrede (vgl. V. 29). Sein jüngerer Bruder existiert für ihn als solcher schon gar nicht mehr. »Dieser dein Sohn« (V. 30) wird er vom älteren Bruder gegenüber dem Vater nur noch genannt.

Und der Vater, der im Grunde genommen nicht nur einen, sondern zwei verlorene Söhne hat, was tut er? In beiden Szenen das Gleiche: er geht seinen Kindern entgegen, im ersten Fall rennt er sogar auf seinen Jüngsten zu, was in der Hitze Palästinas nur Sklaven tun, für Gutsherren wie den Vater gehörte sich das nicht. Für den älteren Sohn verlässt er sein eigenes Fest, um ihn zum Mitfeiern zu bewegen. Beide Male verzichtet er auf seine Stellung als Vater und die damit verbundenen Rechte, um seine Söhne zurückzugewinnen. Er will und kann einfach nicht ohne seine Kinder sein, mögen sie ihn noch so enttäuschen. Dass wir diesen Vater kennen und ihn als solchen anrufen, verdanken wir ihm und seiner grenzenlosen Sehnsucht nach uns. Der Theologe Karl Barth sagt: »Es gibt zwar eine Gottlosigkeit des Menschen, es gibt aber keine Menschenlosigkeit Gottes.« Zum Glück gibt es diesen heilsamen Unterschied. Wer um ihn weiß, der wird frohen Herzens in das Bekenntnis Meister Eckharts einstimmen:

Gott, bin ich dir fern,
du suchst mich gern,
verlier' ich mich,
so findst du mich.

IMPULSFRAGEN:

- »Der Vater läuft mir entgegen« – wo erfahre ich dies?

- Welche verlorenen Menschen möchte ich an sein Herz legen?

- Wie kann die unbändige Liebe des Vaters mich dazu bringen, denen nachzugehen, die sich von mir abgewandt haben?

GEBET:

Unser himmlischer Vater,
anders, als wir oft sind, bist du.
Deine Sehnsucht nach uns ist grenzenlos
und lässt sich nicht erbittern.
Uns bleiben Dank und Glück!
Amen.

38

SOS

MATTHÄUS 14,22-33

»UND PETRUS STIEG AUS DEM BOOT UND GING
AUF DEM WASSER UND KAM AUF JESUS ZU. ALS
ER ABER DEN STARKEN WIND SAH, ERSCHRAK ER
UND BEGANN ZU SINKEN UND SCHRIE:
HERR, HILF MIR!«

Angenommen, diese Geschichte nähme einen anderen Verlauf: Anstatt aus Furcht vor Wind und Wellen in den Fluten zu versinken, ginge Petrus ganz unberührt davon auf Jesus zu. Beide stiegen anschließend ruhig ins Boot zu den anderen Jüngern. Wie nähmen wir ein solches Ende auf? Vermutlich begegneten wir Petrus mit großer Hochachtung. Seinen mehr als gewagten Entschluss, aus dem sicheren Boot auszusteigen, auf Jesu Ruf hin ihm auf der stürmischen See entgegenzugehen und dieses Vertrauen ohne zu strauchen bis zuletzt durchzuhalten, verdiente höchsten Respekt. Aber wäre ein solcher Petrus überhaupt noch menschlich und taugte als gelungenes Beispiel? Wahrscheinlich nur sehr bedingt. Sein bewundernswertes Vorbild bliebe doch immer durch die Maßstäbe, die es unweigerlich setzte, eine schiere Überforderung, unerreichbar für unser oft leicht zu erschütterndes Vertrauen zu Jesus.

Viel tröstlicher ist es, dass Petrus doch der Mut nach einigen sicheren Schritten verlässt. Über den drohenden Gefahren verliert er Jesus plötzlich ganz aus dem Blick. Die Angst vor der eigenen Courage packt ihn und reißt ihn in die Tiefe. Wie unheimlich schnell geschieht ein solcher Einbruch. Vor meinen Augen sehe ich eine Frau. Seit Jahrzehnten lebt sie fest in einer treuen Bindung zu Jesus. Dann steht ihr eine schwere Operation bevor. »Eigentlich müsste ich ganz ruhig sein und mich in Jesu Händen geborgen wissen. Aber in Wirklichkeit bin ich ganz aufgelöst vor Angst«, gesteht sie. Wer so in seiner Angst zu versinken droht, der schaue auf Petrus. Dieser Jünger versucht gar nicht erst, seine Panik zu überspielen oder sich selbst mit aller Kraft über Wasser zu halten. Stattdessen schreit er nur: »Herr, hilf mir!« Und Jesus hilft ihm. »Sogleich«, wie es heißt, streckt er Petrus seine Hand entgegen und zieht ihn heraus (V. 31).

»Du Kleingläubiger« nennt er ihn (V. 31). Immerhin hat er einen Glauben, wenn auch einen kleinen. Er besteht darin, dass Petrus sich in seiner Verzweiflung an Jesus wendet. Solcher Glaube, mag er noch so gering sein, bewirkt schon viel, wie wir sehen. Petrus wird gerettet. Wie ein winziges Samenkorn möchte Jesus diesen Glauben zum Wachsen bringen und wind- und wetterfest machen. Vielleicht wird er im Laufe eines Lebens nur ein bisschen größer, aber dieses Wenige ist in Bezug auf geistliche Dinge bereits viel. Stürme werden uns als Christen weiterhin bedrohen. Aber wir Kleingläubigen wagen es, über die Wellen auf Jesus zuzugehen. Auf ihn schauen wir. Und wenn die Furcht doch größer als unser Vertrauen wird und wir versinken, schreien wir, nicht vergeblich.

Impulsfragen:

- Welche Stürme lassen mich ins Schwanken geraten?

- Was kann mir helfen, Jesus nicht aus dem Blick zu verlieren?

- Wo stehe ich in Gefahr, seine rettende Hand auszuschlagen und mich lieber selbst abzustrampeln?

Gebet:

Herr Jesus Christus,
du bist stärker als alle Stürme, die um uns tosen.
Richte unseren Blick unverwandt auf dich
und lenke unsere Schritte zu dir hin.
Halt uns fest, wenn die Angst uns packt
und wir doch untergehen.
Amen.

39

Hörbuch

JESAJA 59,21

»MEINE WORTE, DIE ICH IN DEINEN MUND GELEGT HABE, SOLLEN VON DEINEM MUND NICHT WEICHEN NOCH VON DEM MUND DEINER KINDER UND KINDESKINDER.«

Ich lese gerne und freue mich, wenn ich mir Zeit für ein gutes Buch nehmen kann. Noch lieber aber lasse ich lesen, mir nämlich vorlesen aus einem Hörbuch. Der Eindruck, der das Gelesene auf mich ausübt, ist jedes Mal ungleich kräftiger. Worte wirken anders und einprägsamer, wenn ich sie und ihren Klang höre, als wenn ich sie nur im Stillen in meinem Verstand bewege. Hinzu kommt, dass das gesprochene Wort mehr Zeit braucht und langsamer ist als das still und vielleicht auch nur flüchtig gelesene (und überflogene).

Die Heilige Schrift ist im Grunde genommen ein Hörbuch. Sie stammt aus einer Zeit, in der Menschen es anders als heute noch nicht gewohnt waren, Texte leise zu lesen. Selbstverständlich gehen ihre Verfasser davon aus, dass ihre Schriften laut vorgetragen werden und dies nicht nur vor einer versammelten Gemeinde, wie dies auch in unseren Gottesdiensten geschieht, sondern auch während der persönlichen Lektüre. Eindringlich spricht unser biblisches Motto aus dem Prophetenbuch Jesaja von dieser Praxis. Gott selbst erhebt in ihm seine Stimme und spricht Israel an. Seine Worte hat er gezielt »in deinen Mund gelegt«. Und von dort sollen diese »nicht weichen«, d.h. positiv ausgedrückt: sie sollen stets im Gebrauch sein, bei der eigenen Betrachtung im wörtlichen Sinne auf der Zunge liegen und über die Lippen gehen. Ein solch vernehmbares, halblaut murmelndes Lesen eines biblischen Wortes wird bis heute unter Toraschülern gepflegt. Hier wird von Israel praktiziert, was Gott »von dem Mund deiner Kinder und Kindeskinder« fordert.

Erst dann gewinnt das göttliche Wort seinen Klang, hören wir seinen Rhythmus, erhält es seine Überzeugungskraft. Es will mehr sein als ein theologischer Denkanstoß. In Fleisch und Blut will es übergehen. Die Mönche sprechen im Zusammenhang des lauten Lesens eines Bibelwortes von der ruminatio, dem Wiederkäuen der Kühe. Durch wiederholtes Zergehen auf der Zunge entfaltet es erst sein ganzes Aroma, kommen wir in den Genuss seiner Vitamine und führen unserem Leben die grundlegenden Nährstoffe zu. Jesus sagt: »Der Mensch lebt nicht vom Brot allein, sondern von einem jeden Wort, das aus dem Mund Gottes geht« (Matthäus 4,4). Der Prophet Hesekiel aß auf Gottes Geheiß tatsächlich die ihm gereichte Schriftrolle. Er wird sie nicht hastig verschlungen, sondern allmählich Stück für Stück zerkaut haben. So soll das biblische Wort auch von uns genussvoll verköstigt werden. Nach dem Verzehr der Schriftrolle spricht Hesekiel: »Sie war in meinem Munde so süß wie Honig« (Hesekiel 3,3). Verlockende Aussichten!

IMPULSFRAGEN:

- Welche Erfahrungen habe ich mit dem Vorlesen gemacht?

- Wie kann ich diese Praxis in meinem Umgang mit der Heiligen Schrift ausgestalten?

- Welche Gottesworte klingen und schmecken »so süß wie Honig«?

GEBET:

Allmächtiger Gott und Vater,
du redest zu uns durch dein gutes Wort.
Hilf mir, es im Munde zu führen und sein Aroma zu kosten.
Stärke und leite mich durch das, was du mir sagst.
Amen.

40

Paradox

1. KORINTHER 12,1-10

»DARUM WILL ICH MICH AM ALLERLIEBSTEN RÜHMEN MEINER SCHWACHHEIT, DAMIT DIE KRAFT CHRISTI BEI MIR WOHNE.«

Widersprüchlicher könnte es kaum klingen, was der Apostel Paulus hier von sich bekennt. Wenn wir etwas an uns »rühmen«, wir könnten auch sagen, hervorheben, herausstreichen, dann sind es in aller Regel unsere Talente und Stärken. Als Christen brauchen wir diese auch nicht schamhaft zu verbergen oder künstlich kleinzureden, sondern dürfen uns an ihnen freuen und mit Recht stolz auf das sein, was wir können. Auch Paulus hält der Gemeinde in Korinth seinen vorbildlichen und uneigennützigen Dienst als Sendbote Christi sowie seine unzweifelhaft herausragenden Geistesgaben und -erfahrungen vor (vgl. Kap. 11,1 – 12,6). Ganz im Geiste des Apostels behauptete Luther einmal von sich, dass es weit und breit in der Geschichte der Kirche kein einziger Theologe mit ihm aufnehmen könne. Gegenüber seinen wie erwartet heftig die Stirn runzelnden Kollegen ergänzte er keck und schlagfertig: »Gottes Gaben muss man loben.«

Paulus tut dies und steht selbstbewusst zu seinen Fähigkeiten. Und trotzdem kommt er »am allerliebsten« auf seine Schwachheit zu sprechen. Was er konkret damit meint, wissen wir nicht. Offenbar muss es sich aber um ein heftiges körperlich-seelisches Leiden handeln, das ihn in seinem Dienst mächtig zusetzte und beeinträchtigte. Trotz intensiven Betens lassen seine Krankheit und Schmerzen nicht nach (12,7f). Seine Gebete bleiben unerhört, aber immerhin nicht unbeantwortet. Christus, an den sich Paulus flehentlich wendet, heilt ihn nicht, aber er sagt ihm, wozu sein Leiden dient: »Lass dir an meiner Gnade genügen; denn meine Kraft ist in den Schwachen mächtig« (12,9a-b). Wörtlich muss es heißen: »Meine Gnade ist dir genug; denn ihre Kraft kommt in der Schwachheit voll zur Wirkung.«

Es wird seine Zeit gebraucht haben, bis Paulus die Enttäuschung über die versagte Heilung verwunden hat. Seinem entschiedenen Ja zu seiner Krankheit ging ein längerer innerer Kampf gewiss voraus. Dann erst hat er erkannt, dass sich die Kraft Christi gerade unter der Bedingung der eigenen Hinfälligkeit viel stärker entfalten kann. Je weniger Paulus infolge seiner Krankheit durch sein Auftreten erreichen kann, umso mehr Raum bleibt dem Wirken Christi. So kann Paulus sogar sagen: »Wenn ich schwach bin, so bin ich stark« (12,10).

Wie gehen wir mit unseren Gebrechen und unerfüllten Wünschen um? Ob die Antwort, die Christus Paulus gibt, auch auf unsere Situation zutrifft, ist offen, und ob sie wie beim Apostel zu einer völligen Neubewertung der eigenen Not führt, weder ausgemacht noch einfach erwartbar. Denn jetzt sind *wir* gefragt zu erkennen, was Christus uns durch die Erfahrung nicht erhörter Gebete und bleibender Schwachheit sagen und zeigen will.

IMPULSFRAGEN:

- Welche Erfahrungen unerfüllter Gebete habe ich machen müssen?

- Habe ich in solchen Situationen eine Antwort erhalten?

- Kenne ich Schwächen, die ich dankbar annehmen konnte?

GEBET:

Herr Jesus Christus,
du willst dich in und durch uns mächtig erweisen.
Hilf uns, dass wir uns deinem Wirken ganz anvertrauen.
Da, wo wir schwach und am Ende sind,
entfalte deine segnende Kraft.
Amen.

41

Ganz Ohr

PSALM 85

»KÖNNTE ICH DOCH HÖREN, WAS GOTT DER
HERR REDET, DASS ER FRIEDEN ZUSAGTE SEINEM
VOLK UND SEINEN HEILIGEN ...«

Der Beter dieses Psalms ist ganz Ohr, wie wir im Deutschen so
treffend formulieren. Sein leidenschaftliches Eintreten für Israel ist im Grunde genommen weniger ein Reden als vielmehr
ein sehnsuchtsvolles Lauschen und Horchen auf die Stimme
des Himmels. »Könnte ich doch hören, was Gott der HERR redet«, ist sein einziger Wunsch. Gerade diese Bereitschaft zum
Hören macht nach Sören Kierkegaard das Wesen reifen Betens
aus. Von sich selbst bezeugt der Philosoph: »Als mein Gebet
immer andächtiger und innerlicher wurde, da hatte ich immer
weniger zu sagen. Zuletzt wurde ich ganz still. Ich wurde, was
womöglich noch ein größerer Gegensatz zum Reden ist, ich
wurde ein Hörer. Ich meinte erst, beten sei reden. Ich lernte
aber, dass beten nicht bloß schweigen ist, sondern hören. So ist

es: beten heißt nicht sich selbst reden hören. Beten heißt: still werden und warten, bis der Betende Gott hört.«

Doch wie weit ist unsere gewöhnliche Gebetspraxis davon entfernt! Wie leicht und zahlreich sprudeln uns die Worte nur so aus dem Mund, wie schwer und mühsam fällt es uns hingegen, unseren Redefluss zu bremsen. »Ein jeglicher Mensch sei schnell zum Hören, langsam zum Reden«, mahnt uns nicht ohne Grund der Jakobusbrief (1,19). Sicher, die Bibel ermutigt uns ausdrücklich dazu, Gott alles zu sagen, was uns bewegt. »Liebe Leute, schüttet euer Herz vor ihm aus!« (Psalm 62,9b), ruft sie uns zu. Aber wie kleinlich ist oft unser Wollen und Begehren. Das Märchen hält uns den Spiegel vor, wenn es von dem Paar erzählt, das drei Wünsche freigestellt bekommt. Zuerst will der Mann schnell eine Wurst, darauf entfährt es seiner Frau erzürnt, dass ihm die Wurst im Gesicht kleben bleiben solle. Wofür schließlich der dritte Wunsch draufgeht, ist leicht zu erraten.

Aus solcher Enge und Kurzsichtigkeit, die unser Herz gefangen halten, will uns das vorgegebene Psalmwort befreien. Es will uns gewiss nicht den Mund verbieten und das Reden untersagen. Der Beter spricht ja hier selbst und verstummt nicht einfach. Aber indem uns sein Wort auf das Hören weist, will es unser kleines Herz groß werden lassen. Es will uns vertraut machen mit der Weite des Herzens Gottes und uns an ihr Anteil geben. Nur wer still wird und geduldig zu lauschen anfängt, wird erfahren, was Gott am Herzen liegt: es ist nicht weniger als der Frieden, der Schalom, Heil und Heilung für sein Volk und seine Menschenkinder. Auf die Zusage und Einlösung dieses Friedens wartet der Beter sehnsuchtsvoll. Und indem er dabei ganz Ohr wird, schlagen sein und Gottes Herz im Takt.

IMPULSFRAGEN:

- Welche Orte und Zeiten besonderer Stille kenne ich oder möchte ich kennenlernen?

- Wie kann ich mich in die Praxis des hörenden Gebets einüben?

- Spüre ich in mir das Verlangen, an Gottes weitem Herzen teilzuhaben und mit ihm einzutreten für alles, was lebt?

GEBET:

Allmächtiger und barmherziger Gott,
hilf mir zu hören, was dir am Herzen liegt.
Führe mich so in die Weite deiner Liebe.
Dein Friede komme über alle deine Geschöpfe.
Amen.

42

Völlig unnötig

PSALM 147

»... IHN LOBEN IST LIEBLICH UND SCHÖN.«

Mitten in der flachen englischen Landschaft ragt seit Jahrhunderten der riesige Turm einer Kathedrale weit nach oben, als ob er mit seiner Spitze den Himmel berühren möchte. Schon damals fragte man den Architekten, ob denn ein solch monumentales Bauwerk vonnöten sei, ein niedrigeres hätte der Gemeinde doch auch genügt. »Ihr könnt mich für einen Narren halten«, antwortete er, »das lasse ich mir gerne gefallen. Aber es ist einfach schön, so hoch zu Gottes Ehre zu bauen.«

Damit ist Entscheidendes gesagt. Die häufige Frage nach Zweck- und Verhältnismäßigkeit, nach Nutzen und Effektivität ist zwar nicht völlig belanglos, aber im Blick auf den, dem allein Ehre gebührt, verliert sie ihre sonst so beherrschende Stellung. Hier gilt eine ganz andere Sicht. »Denn unsern Gott loben, das ist ein köstlich Ding, ihn loben ist lieblich und schön.« Was schön ist, trägt seinen Wert und seinen Zweck in sich selbst. Gewiss, wer Gott lobt, hat in der Regel auch einen Nutzen, einen Gewinn davon. Seine Stimmung hellt sich auf, er wird zuversichtlicher, erlangt neue Kraft, sein Blick weitet sich – Wirkungen, die man sehen und beschreiben kann. Aber nicht deswegen lobe ich Gott, wenn ich ihm singe oder zu ihm bete. Der Theologe Fulbert Steffensky spitzt es im Blick auf unsere sprachlichen Ausdrucksmöglichkeiten so zu: »Es hat keinen Zweck, aber es ist schön, dass wir das Leben nicht stumm sein lassen, sondern Gott preisen im Licht des Morgens und in der Dunkelheit der Nacht.«

Alles Schöne ist wesentlich auch verschwenderisch, es rechnet und kalkuliert nicht, schaut nicht auf die Uhr, sondern freut sich an dem, was es tut, und geht ganz darin auf. Wer beispielsweise einmal einen Gottesdienst in einer afrikanischen Gemeinde mitgefeiert hat, der bekommt im Laufe der Stunden leicht ein Gespür dafür, wie ansteckend ein ausdauernd gesungenes und getanztes Gotteslob ist. Vor meinem Auge erscheint noch ein anderes Bild, das vielen vermutlich vertrauter ist: Gottesdienst in einer dörflichen Gemeinde, eine kleine Schar versammelt sich, gewöhnlich sind es immer dieselben. Und noch etwas wiederholt sich Sonntag für Sonntag: ein überbordender Blumenstrauß ziert festlich den Altar. Er stammt aus dem Garten der Küsterin, liebevoll und sorgsam gepflegt nur für eine Handvoll Menschen während dieser einen Dreiviertelstunde in der Woche. Dieser Strauß ist für mich jedes Mal die schönste Predigt gewesen, verschwenderisches Gotteslob spricht aus ihm, ja etwas Närrisches haftet ihm in Anbetracht der Gemeindegröße an. »Lieblich und schön« ist es, so zu handeln und das Leben nicht karg und schmucklos verstreichen zu lassen. Ob unser Glaube nicht dadurch eine ganz neue Anziehungskraft und besonderen Charme gewinnt?

Impulsfragen:

- Kenne ich Beispiele anderer Glaubensgeschwister, die mich anziehen?

- In welchen Bereichen meines Lebens möchte ich das Recht auf Verschwendung wahrnehmen?

- Wie kann meine Frömmigkeit eine schöne Gestalt annehmen?

Gebet:

Herrlicher und gütiger Gott,
du hast uns viele Möglichkeiten geschenkt, dich zu ehren.
Hilf uns, sie beherzt zu ergreifen.
Denn schön ist es, dich zu loben.
Amen.

43

Vorfreude

JOHANNES 16,22-23A

»IHR HABT NUN TRAURIGKEIT; ABER ICH WILL EUCH WIEDERSEHEN, UND EUER HERZ SOLL SICH FREUEN, UND EURE FREUDE SOLL NIEMAND VON EUCH NEHMEN. AN DEM TAG WERDET IHR MICH NICHTS FRAGEN.«

Dieses Wort richtet Jesus an seine Jünger, die er bis zum Äußersten liebt (vgl. Johannes 13,1b). Sie sind für ihn keine Knechte, denen er Aufträge gibt oder Befehle erteilt. »Freunde« nennt er sie vielmehr (Johannes 15,15). Als solche haben sie das Vorrecht zu wissen, was Jesus bewegt. So weiht er sie auch in sein bevorstehendes Ende ein. Jesus ahnt, dass seine Jünger darüber erschüttert sein werden. Es sind ja seine Freunde; er kennt ihre Gefühle gut und spricht sie darum offen aus: »Ihr habt nun Traurigkeit.«

Wer einen geliebten Menschen verliert, dem werden solche einfühlsamen Worte guttun. In seiner Trauer wird er sich endlich angenommen wissen. Denn fast noch schwerer als die Trauer selbst ist das Unverständnis, das Trauernden häufig begegnet. Eine Verkäuferin, die nach dem Tod ihres Mannes über Monate schwarze Kleidung trägt, klagt bitterlich über das zunehmende Kopfschütteln ihrer Kunden. Wegen ihres tristen Aufzugs bleiben manche von ihnen sogar ganz weg. Als ob sie sich vor einer ansteckenden Krankheit schützen wollten, meiden sie den Kontakt zur Trauernden. Doch eines übersehen sie dabei: Wer seine Trauer so zum Ausdruck bringt, zeigt damit seine Liebe zum Verstorbenen. Denn wahre Trauer ist nichts anderes als die dunkle, tränenreiche Gestalt der Liebe und darum etwas Kostbares. Wer hingegen nur möglichst schnell über sie hinwegkommen will, dessen Liebe bleibt auch flüchtig. Die Trauer hat daher ihr Recht und braucht ihre Zeit. Sie ist nicht einfach ein schmerzliches Gefühl, das es zu »verarbeiten« gilt, als ob Liebe irgendetwas mit Arbeit zu tun hätte!

Jesus gesteht seinen Freunden diese Trauer zu. Doch spricht er im selben Atemzug auch von der Freude, in die ihre Trauer verwandelt werden wird. Es ist die Freude des Wiedersehens mit ihm nach diesem Leben. Eines gilt für diesen großen Moment: »An dem Tag werdet ihr mich nichts fragen.« Wer trauert, hat Fragen, oft sogar bohrende Fragen. Warum dieses Ende? Warum so plötzlich oder so früh? Jesus wischt diese Fragen nicht einfach beiseite. Er weiß, dass seine Freunde seinen gewaltsamen Tod nicht fassen werden. Aber wie ihre Trauer werden auch ihre offenen Fragen einmal weichen. Vermutlich nicht durch befriedigende Antworten, manches bleibt rätselhaft, sogar am Tag des Wiedersehens. Aber die Freude darüber wird dann so überwältigend sein, dass darin auch unsere Fragen zur Ruhe kommen werden. Noch ist dieser Tag nicht da, noch haben wir Fragen. Aber etwas anderes haben

Jesu Freunde auch: Freude, genauer gesagt Vor-Freude auf dieses Wiedersehen. Keine Trauer ohne zumindest ein Fünkchen von ihr und keine Vorfreude ohne den Schmerz, dass es noch nicht so weit ist.

IMPULSFRAGEN:

- Um welche Menschen trauere ich?

- Welche Ausdrucksmöglichkeiten gebe ich meiner Trauer?
- Spüre ich etwas von der Vorfreude auf ein Wiedersehen?

GEBET:

Herr Jesus Christus,
du siehst uns in unserer Trauer. Kostbar wie unsere Liebe ist sie.
Hilf uns, sie darum auszuhalten.
Stärke unsere Erwartung, dass die Freude
das letzte Wort sprechen wird.
Amen.

44

Tischlein deckt sich

JOHANNES 21,1-14

»ALS ES ABER SCHON MORGEN WAR, STAND JESUS AM UFER.«

Da waren es nur noch sieben. Beinahe halbiert hat sich die Zahl der Jünger Jesu, die sich nach seinem Tod am See Tiberias zusammenfinden. Von den übrigen hört man nichts, offenbar fragt auch niemand nach ihnen. Dass es immer weniger werden, scheint zur Gewohnheit geworden zu sein. Und was die Übriggebliebenen tun, ist Ausdruck tiefer Resignation. Sie gehen wieder ihrem angestammten Handwerk nach und fangen an zu fischen. Ihre großartige Berufung geben sie damit auf. »Menschenfischer« sollten sie sein. Jesus hatte sie dazu bestimmt, andere für das Reich Gottes zu gewinnen. Doch dieser Vision hängen sie nicht weiter nach. Stattdessen richten sie sich in der grauen Realität des Alltags ein und sorgen mit ihrem gelernten Handwerk dafür, dass es zumindest für das karge Leben reicht. Selbst dieser Wiedereingliederungsversuch ins alte Leben gerät zum Fiasko. Nicht ein einziger Fisch beißt an. Eine ganze Nacht voller Mühe und Schweiß umsonst. Rat- und ziellos treiben sie mit ihrem Boot bei Tagesanbruch zurück ans Land.

Am Nullpunkt angekommen, nimmt die Geschichte auf einmal einen radikal anderen Verlauf: »Als es aber schon Morgen war, stand Jesus am Ufer« (V. 4). Im Glanz der aufgehenden Sonne steht er da, am Ort der leeren Netze und tief sitzenden Frustrationen ist er zur Stelle. »Wo wir nichts mehr erwarten, erwartet er uns« (Burghard Krause). Und er tut das nicht mit vorwurfsvollen Blicken. Das völlige Versagen seiner Jünger in der Passion, ihre feige Flucht, als es eng wurde, hätte eine solche Reaktion mehr als gerechtfertigt. Aber keine Spur davon. Stattdessen redet er sie mit »Kinder« an (V. 5). Damit ist alles gesagt. Wer so angesprochen wird, der hat auch den Mut, offen zu seinen Niederlagen zu stehen, der braucht nichts zu beschönigen. Auf die Frage Jesu, ob sie denn nichts zu essen hätten, antworten diese erfahrenen Fischer schlicht und ehrlich »Nein« (V.5).

Ein heilsames Eingeständnis. Nur wer wie die Jünger mit leeren Händen dasteht und seine Armut vor Jesus nicht verbirgt, kann sich neu von ihm beschenken lassen. So schickt er die sieben noch einmal auf den See und beschert ihnen einen großen Fang. Und während sie dieses Mal mit prall gefüllten Netzen ans Ufer zurückkehren, hat ihr Freund bereits den Tisch für sie gedeckt. »Kommt und haltet das Mahl!« (V. 12) lädt er sie ein. Anfangs noch verunsichert ist nun auch dem letzten unter ihnen klar, wer der Gastgeber ist, der so großzügig für sie vorgesorgt hat. Es ist der auferstandene Herr. An jedem neuen Morgen steht er am Ufer unseres alltäglichen Lebens. Seinen müden und enttäuschten Kindern füllt er gerne segnend die Hände. Auch beim Anbruch unseres letzten Morgens wird er

am Ufer stehen und uns erwarten. Der Tisch wird reich gedeckt sein und das Zusammensein kein Ende nehmen.

Impulsfragen:

- Welche begeisterten Aufbrüche liegen schon lange hinter
  mir, während ich mich wieder in den alten Geleisen bewege?

- In welcher Hinsicht möchte ich mir die Hände neu füllen
  lassen?

- Was bedeutet mir die Einladung Jesu, an seinem Tisch
  Platz zu nehmen und mit ihm das Abendmahl zu feiern?

Gebet:

Lieber Herr Jesus,
am Ufer unsrer Nöte mit leerem Netz und ohne Fisch,
am Morgen steh du selbst bereit, deck du uns dann den Tisch.
Amen.

45

Wunsch und Wirklichkeit

JOHANNES 21,15-19

»SPRICHT JESUS ZUM DRITTEN MAL ZU IHM:
SIMON, SOHN DES JOHANNES, HAST DU MICH
LIEB? PETRUS WURDE TRAURIG, WEIL ER ZUM
DRITTEN MAL ZU IHM SAGTE: HAST DU MICH
LIEB?, UND SPRACH ZU IHM: HERR, DU WEISST
ALLE DINGE, DU WEISST, DASS ICH DICH LIEB
HABE. SPRICHT JESUS ZU IHM:
WEIDE MEINE LÄMMER!«

Petrus begreift, worauf Jesus anspielt, als er ihm dreimal die gleiche Frage stellt. Und er wird traurig darüber, traurig über sich und sein Versagen. Dreimal hatte er zuvor vehement abgestritten, Jesus zu kennen. Aus Angst, dass es ihn ebenso wie Jesus treffen könnte, hatte er seinen Freund verleugnet. Dabei hatte ihm Jesus seine feige Ausflucht vorausgesagt. Doch Petrus war zu überzeugt von sich und seiner Stärke, um sich durch Jesu Worte verunsichern zu lassen.

Als der Auferstandene Petrus nach Ostern erneut begegnet und sich ihm persönlich zuwendet, übergeht er dessen enttäuschendes Verhalten nicht einfach. Darum das dreifache insistierende Fragen. Aber er ringt dem Jünger dabei kein Geständnis ab, zwingt ihn nicht zu demütigender Selbstbezichtigung, vor deren dunklem Hintergrund die vorbildliche Rolle Jesu in der Passion nur umso strahlender zur Geltung käme. Stattdessen zielt sein Fragen auf das, was so tief im Herzen von Petrus verwurzelt ist, dass es selbst durch schwere Schuld nicht völlig entstellt werden kann: Es ist die Liebe des Jüngers zu seinem Herrn. Gerade weil Petrus Jesus liebt, erfüllt ihn sein Versagen mit Scham und Trauer. Er verbirgt sie nicht, sondern wirft sich Jesus mit den Worten in die Arme: »Herr, du weißt alle Dinge.«

In der Tat. Vor ihm kann ich nichts verheimlichen und brauche es vor allem auch nicht. Denn Jesu Wissen ist etwas zutiefst anderes als ein bloßes Informiertsein oder ein teilnahmsloses Zur-Kenntnis-Nehmen. Es ist Liebe und seine Liebe drückt sich darin aus, dass er wirklich alles, die ganze Wahrheit kennt. Zu ihr gehört auch, was Petrus gegenüber Jesus schließlich ausspricht: »Du weißt, dass ich dich lieb habe.« Petrus beschreibt hier keinen reinen Ist-Zustand. Er selbst musste einsehen, wie schwankend seine Liebe zu Jesus ist und wie wenig gefeit gegen bitteres Versäumen. Die tiefe Sehnsucht nach beständiger Treue und die nüchterne Realität der eigenen oft sehr durchwachsenen Bemühungen mischen sich hier. Wunsch und Wirklichkeit verbinden sich eigentümlich. Beide wissen dies.

Aber so kümmerlich diese Liebe auch sein mag, sie bahnt sich doch ihren Weg, wächst und reift. Das kleine Senfkorn im Herzen des Petrus birgt ein großes Versprechen (vgl. Markus 4,30-32). Petrus ist sich dessen nicht bewusst, aber Jesus. Großes traut er ihm zu, die Verantwortung für seine Glaubensgeschwister, das Weiden der Lämmer Jesu. Hätte Petrus dies für möglich gehalten? »Alles beginnt mit der Sehnsucht«, bezeugt Nelly Sachs. Jesus kennt sie, auch unsere. Das genügt.

IMPULSFRAGEN:

- Jesus weiß alle Dinge – Kann ich mich in seinem Wissen bergen?

- Liebe, nicht Dienst oder Pflicht charakterisiert mein Verhältnis zu Jesus – Welche verwandelnde Kraft geht von ihr aus?

- Meine Liebe zu Jesus – Wunsch und Wirklichkeit, die ich in Jesu Hände lege.

GEBET:

Herr Jesus Christus,
du weißt, dass ich dich lieb habe,
obwohl ich dich oft enttäusche.
Du weißt alles. Darum vertraue ich mich dir an.
Amen.

46

Aber doch!

MATTHÄUS 15,21-28

**»SIE SPRACH: JA, HERR; ABER DOCH FRESSEN
DIE HUNDE VON DEN BROSAMEN,
DIE VOM TISCH IHRER HERREN FALLEN.«**

»Nirgends wird Christus so hart gemalt wie hier«, urteilt
Luther über diese Geschichte. Eine Ausländerin wendet sich
voller Verzweiflung an ihn. Mit gebotenem Abstand, wie es
sich für den gewöhnlichen Umgang zwischen einem Juden
und einer Heidin wie sie gehört, ruft, ja schreit sie ihn um Hilfe an. Ihre Tochter leidet furchtbare Qualen. Sie wird von »einem bösen Geist übel geplagt« (V. 22). »Und er antwortete ihr
kein Wort«, heißt es nur (V. 23). Jesus ignoriert ihren Hilferuf
einfach. Als sich die Frau jedoch von der kalten Schulter Jesu
unbeeindruckt zeigt und weiter um Hilfe schreit, greifen seine Jünger ein. Dies Geschreie wird ihnen lästig und sie bitten
Jesus, sie doch zufriedenzustellen, damit sie ihre Ruhe haben.
Jesus antwortet unmissverständlich, dass er ausschließlich zu

den Bedürftigen seines Volkes gesandt und daher für diese Fremde nicht zuständig sei.

Nun aber lässt sie es darauf ankommen. Ungeachtet aller Sitten und Gebräuche tritt sie dicht an Jesus heran und fällt vor ihm zu Boden, sodass ihm keine Ausweichmöglichkeit mehr bleibt. Darauf reagiert Jesus nicht nur abweisend, sondern wird sogar ausfällig und beleidigend: »Es ist nicht recht, dass man den Kindern ihr Brot nehme und werfe es vor die Hunde« (V. 26). Im Klartext: seine Heilkraft ist zu schade, um sie an heidnische Hunde wie diese Frau zu vergeuden. Nur die Söhne und Töchter Israels haben das Vorrecht, von ihr zu profitieren. Das ist zweifelsohne »der härteste Stoß« (Luther), den Jesus ihr versetzt. »Wenn er solche Worte zu mir gesagt hätte, ich wäre schlechterdings davongelaufen und hätte gedacht: Es ist umsonst, was du tust, da ist nichts zu erreichen«, gesteht der Reformator ehrlich. Diese Frau hingegen weiß selbst diesen Schlag zu parieren, und wie! »Ja, Herr; aber doch fressen die Hunde von den Brosamen, die vom Tisch ihrer Herren fallen.« *Aber doch* widerspricht sie Jesus. Unbeirrbar hält sie daran fest, dass sein »Nein« nicht sein letztes Wort ist. Selbst für Hunde wie sie kann es das nicht gewesen sein. »Brosamen«, einen Rest an Heil und Güte, wird er auch für sie übrig haben. Ihre Penetranz lässt Jesus tatsächlich keine Wahl mehr. »Groß« nennt er ihren Glauben. Darum heilt er ihre Tochter, sogar unverzüglich, »zu derselben Stunde« wird sie gesund (V.28).

Das Dranbleiben dieser Frau ist noch mehr als ein Vorbild, an dem wir uns ausrichten können. Wir finden solche Beharrlichkeit auch in uns vor. In uns wohnt und pulsiert solcher Trotz, lebt etwas von der unbeugsamen Kraft, die sich mit dem »Nein« Gottes nicht abfinden will. Dabei kann uns das Leben Ungeheures abverlangen. Wie oft geschieht die ersehnte Notwende nicht »zu derselben Stunde«, sondern zieht sich qual-

voll hin. »Ein Jahr, zwei Jahre, drei Jahre oder noch länger«
kann Gott auf sich warten lassen, gibt sich Luther realistisch.
Was liegt dann näher, als mit dem Bitten endlich aufzuhören?
Eines: Das *Aber doch*, mit dem wir Gott trotzig Paroli bieten.

IMPULSFRAGEN:

- Für wen möchte ich vor Gott eintreten und zu ihm schrei-
en?

- Die Tür zu Gott bleibt verschlossen – lasse ich mein Hoffen
sein?

- Spüre ich die kämpferische Leidenschaft dieser Frau auch
in mir und mache ihr *Aber doch* zu meinem Widerspruch?

GEBET:

Allmächtiger Gott und Vater,
wenn wir nichts als dein hartes »Nein« hören,
dann gib uns Kraft.
Hilf uns, daran festzuhalten,
dass sich dein »Ja« doch durchsetzt.
Amen.

47

Kritik – los!

1. KORINTHER 4,1-5

»DARUM RICHTET NICHT VOR DER ZEIT, BIS DER HERR KOMMT.«

Wir leben in einer Gesellschaft, in der wir immer häufiger dazu aufgefordert werden, uns ein Urteil zu bilden und Rückmeldung auf vieles zu geben. Dies kann seltsame Ausmaße annehmen. Nach dem Kauf eines PKWs wurde ich von dem Autohaus anschließend gebeten, einen Bewertungsbogen auszufüllen. Auf einer sechsgliedrigen Skala, die von »mangelhaft« bis »äußerst zufrieden« reichte, sollte ich angeben, in welchem Maße ich mit dem Service einverstanden war. In Klammern war auf dem Bogen festgehalten: »Bedenken Sie, wenn Sie »zufrieden« ankreuzen, bedeutet dies, dass Ihre Wünsche lediglich zu 70% erfüllt worden sind.« Mit meinem Kundenbetreuer hatte ich es gut getroffen. Zuvorkommend hatte er mich bedient, was sonst als ein »äußerst zufrieden« konnte ich auf dem Bogen ankreuzen? Trotzdem bedauerte ich ihn. Was für einem Druck ist dieser arme Mensch ausgesetzt, wenn nicht einmal zufriedene Kunden ausreichen. Bewerten ist Ausdruck unserer Mündigkeit und darum grundsätzlich zu begrüßen. Aber wie schnell wächst sich unsere Kritik ins Maßlose aus, zumal wenn die Messlatte immer höher angesetzt wird. Wie leicht geraten Meinungen zu vernichtenden Urteilen oder zu unkritischen Lobhudeleien.

Paulus sieht sich mit solchen Extremen in der Gemeinde von Korinth konfrontiert. Während ihn die einen verehren und sogar eine Art Paulus-Partei bilden (1. Korinther 1,12), halten ihn seine Gegner wegen seines offenbar wenig imposanten Auftretens (1. Korinther 2,3f) für einen Möchte-Gern-Apostel. Paulus entgegnet in dem vorgegebenen Bibelabschnitt, dass ihm die Beurteilung durch die Gemeindeglieder gleichgültig ist. Auch sieht er davon ab, sein missionarisches Wirken selbst zu bewerten, so wenig er sich auch eines vorsätzlichen Versagens bewusst ist (V. 3-4). Denn kein Mensch, auch er selbst nicht, ist in der Lage, angemessen zu urteilen. Das letzte Wort spricht ein anderer: »Der Herr ist's aber, der mich richtet.« Er lässt sich nicht täuschen – weder durch ein glänzendes noch ein klägliches Erscheinungsbild. Er sieht allein tiefer, ins Herz eines jeden dringt er und bringt dort zum Vorschein, was jedem menschlichen Auge verborgen ist (V. 5b). Darum warnt der Apostel die Korinther, sich nicht voreilig ein Urteil zu bilden und es so lange zurückzustellen, »bis der Herr kommt« (V. 5a). Paulus sehnt dieses Kommen herbei und freut sich darauf, dass dieser Herr dann nach dem Wert seines Tuns fragen wird. Er weiß: »Ein ungeprüftes Leben ist nicht lebenswert« (Sokrates). Nicht mit Angst, sondern mit Vorfreude und Erwartung geht er seiner Beurteilung entgegen. Denn er kennt denjenigen, der ihn prüfen wird. Sein Urteil macht ihn frei von der Meinung anderer wie auch von seiner eigenen Selbsteinschätzung. Es nimmt ihm auch die Last, sich über andere ein abschließendes

Urteil zu bilden. Das überlässt Paulus lieber ihm. In diesem Sinne bittet Erasmus Alber: »Ach lieber Herr, eil zum Gericht! Lass sehn dein herrlich Angesicht!« (EG 6, Strophe 5).

IMPULSFRAGEN:

- Welche Urteile über mich empfinde ich als ungerechtfertigt?

- Wo stehe ich selbst in Gefahr, über andere zu richten?

- Wie höre ich die Botschaft, dass Jesus mein Richter ist?

GEBET:

Lieber Herr Jesus,
du siehst, wie voreilig und oberflächlich
wir andere oft beurteilen.
Hilf uns, dich das letzte Wort sprechen zu lassen –
über unsere Mitmenschen und über uns selbst.
Amen.

48

Ankunft

SACHARJA 9,9-10

»SIEHE, DEIN KÖNIG KOMMT ZU DIR, EIN GERECHTER UND EIN HELFER.«

Das Erscheinen eines neuen Königs ruft der Prophet über Zion aus, dem Heiligtum des Gottesvolkes. Sehnsüchtig schaut es aus nach einem neuen Gesalbten, der seine Geschicke wendet. Es ist ein Ruf, den wir am Beginn der Adventszeit aufnehmen und der auch uns in Erwartung versetzt. Etwas anderes bleibt uns auch nicht übrig. Eine Alternative, eine weitere Option gibt es nicht. Die Ankündigung des kommenden Herrschers macht uns – zwangsläufig – zu Wartenden.

Aber wer tut dies schon gerne? Wer lässt die Dinge schon gerne auf sich zukommen? Viel lieber haben wir alles im Griff oder wollen zumindest mitbestimmen. Doch dazu steht das »Kommen« eigenartig quer, entgegengesetzt zu Tätigkeiten, die uns viel leichter fallen wie z.B. das Planen, Organisieren, Beschaffen und Erledigen. Denn hier sind wir die handelnden Subjekte. Aber wenn jemand zu uns kommt, werden wir abhängig von einem anderen, angewiesen auf sein Erscheinen. Die Rollen werden getauscht und wir finden uns als diejenigen wieder, die geschehen lassen müssen, denen etwas widerfährt, worauf sie nicht den geringsten Einfluss haben. Doch dieser Wechsel ist heilsam. In ihm spricht sich eine grundlegende Wahrheit aus: Alles, was im Leben wirklich zählt, »kommt«. Worauf es entscheidend ankommt, muss auch »kommen«, sonst wäre es nicht mehr Geschenk und Erlebnis, nicht mehr Gnade. Daher stellt sich alles Wesentliche von selbst ein, es »kommt« eben: Dankbarkeit, Begeisterung, Freude, Glück und eben Gott.

Üben wir uns also darin, diesen König wirklich kommen zu lassen, geduldig auf ihn zu warten, bis sich sein Advent in unserem Leben vollzieht. Keiner kann voraussagen, wie lange es dauert, bis er sich bei uns einstellt und wir seine Nähe spüren. Hier gilt das Wort Jesu: »Von dem Tage aber und von der Stunde weiß niemand, auch die Engel im Himmel nicht, auch der Sohn nicht, sondern allein der Vater« (Matthäus 24,36). Der alte Simeon und die greise Hanna warteten ein Leben lang auf den »Trost Israels« (Lukas 2,22-38). Aber sie taten es nicht vergeblich. Ihr Vertrauen wurde nicht enttäuscht.

Wir können hier gar nichts machen und brauchen es auch, Gott sei Dank, nicht. Mit Worten Paul Gerhardts gesprochen: »Ihr dürft euch nicht bemühen noch sorgen Tag und Nacht, wie ihr ihn wollet ziehen mit eures Armes Macht« (EG 11, Strophe 7). Jede Mühe und Sorge sind hier tatsächlich umsonst, wenn es um die Ankunft dieses Königs geht. Für ihn gibt es nichts Schöneres und Gewisseres als seinen Advent. So fährt der Lieddichter fort: »Er kommt, er kommt mit Willen, ist voller Lieb und Lust, all Angst und Not zu stillen, die ihm an euch bewusst.« Zeit und Stunde wissen wir zwar nicht, aber uns genügt es, dass der Vater sie kennt. Gelassen warten wir, bis sie anbricht und unser König vor der Tür steht, »ein Gerechter und ein Helfer«.

IMPULSFRAGEN:

- Alles Wesentliche »kommt«. – Kann ich mich mit der Rolle des Wartenden anfreunden und sie als beglückend empfinden?
- Was hilft mir, vertrauensvoll und gelassen zu bleiben, wenn sich das Kommen Gottes hinzieht?

- Oft ist Gott auch schon längst angekommen. Wo könnte ich ihn entdecken und wie empfangen?

GEBET:

Himmlischer Vater,
du kommst voller Lust und Freude zu uns.
Nichts kann dich aufhalten.
Hilf uns, dich geduldig und gespannt zu erwarten.
Amen.

49

Ich bin dann mal weg

· LUKAS 3,1-6 ·

»BEREITET DEN WEG DES HERRN ...«

Mit diesen Worten beschreibt der Evangelist Lukas den Auftrag Johannes des Täufers. Wie in der Heiligen Schrift vorausgesagt (Jesaja 40,3-5), ertönt nun mit ihm die »Stimme eines Predigers in der Wüste« (V. 4). Sie ruft den Menschen zu, sich einzustellen auf das Kommen des Herrn, auf seinen Advent. Und die Menschen von damals hören den Ruf und folgen ihm. In Scharen brechen sie in die unwirtliche, karge Wüstenlandschaft Judäas auf. Sie verlassen ihre gewohnte Umgebung, ihre Häuser und Nachbarn, ihre Arbeit und Geschäftigkeit. Sie spüren, dass der beschwerliche Rückzug in die Einsamkeit notwendig ist, um diesem Herrn zu begegnen.

Unser Kirchenjahr greift gleich zu Beginn diesen Ruf auf. Der Advent, seinem Wesen nach eine Buß- und Fastenzeit, betont, dass es jetzt darauf ankommt, das Gewohnte zu unterbrechen und abgelegene Orte aufzusuchen. Der Theologe Carlo Carretto spricht in diesem Zusammenhang sogar von einem Muss für jeden Gläubigen, »Wüste zu machen« im Leben, und zwar nicht allein beschränkt auf die vier Wochen im Advent, sondern stets von Neuem, von Zeit zu Zeit. Konkret rät er zu einer Stunde am Tag, einem Tag im Monat, acht Tagen am Stück im Jahr in besonderer Stille und bewusstem Rückzug.

Dies hört sich viel, vielleicht sogar übertrieben viel an. Aber es geht hier nicht um das Einlösen einer frommen Pflicht oder einer religiösen Leistung. Entscheidend ist vielmehr, *für wen* wir dies tun, *wessen* Ankunft wir vorbereiten wollen. Wer ausreichend Wüste macht, drückt damit seine Liebe zu diesem Herrn aus. Ungestört und ungeteilt möchte er die Nähe zu ihm erleben und genießen. Dichtgedrängte Fußgängerzonen, überfüllte Bahnsteige oder unruhige Wartehallen auf Flughäfen sind nun mal Orte, die Liebende tunlichst meiden. Der Prophet Hosea spricht sogar davon, dass Gott sein Volk erneut bewusst in die Wüste »locken« will. Wie zur Zeit ihrer ersten Wüstenwanderung, der Zeit der ersten Liebe soll es ohne die Ablenkungen im Kulturland Kanaan ganz auf Gott ausgerichtet sein (Hosea 2,18ff).

Von einem, der sich inmitten seines Tuns zu einer Wüstenzeit hinreißen ließ, erzählt folgende Episode frei erzählt nach Maximilian Buddenbohm. Im nebelverhangenen Dezember sammelt ein Bediensteter der Stadt den Müll auf dem menschenleeren Spielplatz auf. Doch bald legt er seine Harke und seinen Greifer beiseite und setzt sich auf die Schaukel. Mit etwas Schwung schaukelt er hin und her. Aber nicht nur für einen kurzen Augenblick verliert er sich, nein, er schaukelt so lange, bis es dunkel wird: immer gleichmäßig, ernsthaft und versonnen und ganz für sich. Seine eigentliche Arbeit ist indessen liegen geblieben. Aber dafür hat er absichtslos ein Zeichen gesetzt, worauf es (nicht nur) im Advent ankommt: sich einfach mal ausklinken, von der Ruhe locken lassen, Wüste machen.

Impulsfragen:

- Habe ich bereits Erfahrungen mit Wüstenzeiten gemacht?

- Was möchte ich sein lassen, um der allgemeinen Hektik zu entgehen?
- Was verlockt mich, dass ich mir dafür bewusst Zeit nehme?

Gebet:

Herr, unser Heiland,
du kommst zu uns still und unscheinbar.
Hilf uns, dass wir uns dir öffnen.
Nimm von uns, was deiner Ankunft bei uns im Wege steht.
Amen.

50

Zeichensetzung

LUKAS 2,1-21

»UND DAS HABT ZUM ZEICHEN: IHR WERDET
FINDEN DAS KIND IN WINDELN GEWICKELT
UND IN EINER KRIPPE LIEGEN.«

Aus der Weihnachtsgeschichte des Lukas ist diese Ansage des
Engels mein liebstes Wort. Es bringt mich immer wieder zum
Staunen und weckt eine stille Freude in mir. Die ursprüngli-
chen Adressaten dieser Botschaft sind die Hirten auf dem Feld.
Vom himmlischen Licht umgeben wird ihnen zunächst Un-
glaubliches aus dem Mund des Gottesboten verkündet: große
Freude für alle Welt über die Geburt des Heilands. Dafür, dass
diese wundersame Ankündigung wahr ist und die Hirten kei-
ner schwärmerischen Fantasie aufgesessen sind, verspricht der
Engel ihnen noch ein Zeichen. Und was für eins!

Zeichen sind in der Bibel häufig außergewöhnliche Vorgän-
ge. Der Evangelist Johannes schildert eine ganze Reihe solcher

spektakulären Machttaten Jesu, die er »Zeichen« nennt. Sie reichen von der Verwandlung des Wassers in Wein bis hin zur Auferweckung des toten Lazarus (vgl. Johannes 2,1-11; 11,1-45). Scharen von Menschen begeistern sich deswegen für Jesus (Johannes 12,17f).

Angesichts der Geburt dieses Weltenheilands sollte man auch entsprechend demonstrative Begleitumstände erwarten. Aber das Zeichen, das den Hirten angeboten wird, ist von ganz anderer Art. Außer einem Neugeborenen mit seinen Windeln in einem Futtertrog gibt es nichts zu sehen. Zur damaligen Zeit kamen die meisten Kinder einfacher Menschen unter solchen Bedingungen zur Welt. Ein ganz alltägliches Geschehen dient hier als Beleg göttlicher Herkunft.

Und die Hirten? Von Berufs wegen waren sie stets auf der Hut vor möglichen Gefahren für die ihnen anvertraute Herde. Ihnen konnte man also nicht so leicht etwas vormachen, selbst eine Stimme vom Himmel nicht. Von daher ist ihre Reaktion auf die Ansage des Engels umso erstaunlicher: »Und sie kamen eilend und fanden beide, Maria und Josef, dazu das Kind in der Krippe liegen« (V. 16). Diese erdverbundenen Männer lassen alles stehen und liegen, um dieser sonderbaren Botschaft auf den Grund zu gehen. Dass sie es dann tatsächlich genauso vorfinden, wie es ihnen angesagt wurde, enttäuscht sie keineswegs. Im Gegenteil, was sie hier sehen, geben sie begeistert weiter. Dass Gott mit diesem Säugling ein Zeichen setzt, sollen alle erfahren.

Freilich ist es ein Zeichen, das von vielen übersehen wird, weil es nicht unseren Erwartungen an eine Erlösergestalt entspricht. Kurz nach Jesu Geburt spricht Simeon prophetisch von ihm sogar als einem »Zeichen, dem widersprochen wird« (Lukas 2,34). Der Weg, der an der Krippe beginnt, endet am

Kreuz. Aber anders, etwa repräsentativer und unbeschwerter, will Gott es nicht haben. Was für ein schwaches und gewöhnliches Zeichen, das Gott hier setzt, aber passgenau für mich in meiner Schwäche und Gewöhnlichkeit. Darum: »So merket nun das Zeichen recht!« (EG 24, Strophe 5).

Impulsfragen:

- Wie gehe ich damit um, wenn besondere Zeichen der Gegenwart Gottes ausbleiben?
- Gottes Gewöhnlichkeit und meine Gewöhnlichkeit – ich verbinde sie miteinander. Welche Lasten fallen von mir ab?

- Wo begegnet mir das Zeichen von Krippe und Kreuz?

Gebet:

Jesus, mein Heiland,
dein Zeichen lass mich suchen und erkennen.
Hilf mir, dich da zu finden,
wo ich selbst schwach und elend bin.
Amen.

51

Alternative Route

MATTHÄUS 2,1-12

»UND SIE ZOGEN AUF EINEM ANDERN WEG WIEDER IN IHR LAND.«

So endet die Geschichte der Weisen aus dem Morgenland. Eine knappe Feststellung, die deutlich macht, dass die Sterndeuter auf ihrer Heimreise ins Zweistromland, dem heutigen Irak, nicht noch einmal Jerusalem passieren, sondern auf Gottes Befehl hin einen weiten Bogen darum machen. Dieser bewusst in Kauf genommene Umweg bewahrt sie davor, Herodes erneut vor die Augen zu treten und ihm mitzuteilen, wo er den neugeborenen König finden kann. Er ermöglicht Joseph mit seiner Familie noch rechtzeitig die Flucht nach Ägypten und rettet Jesus so das Leben (vgl. Matthäus 2,13-23).

Aber nicht nur geografisch schlagen die Weisen nach der Begegnung mit dem Kind in der Krippe eine andere Richtung ein. Auch innerlich verabschieden sie sich von dem, wofür Jerusalem als Zentrum von Macht, Reichtum und Wissen steht. Dorthin hatte sie es nämlich zuerst intuitiv gezogen, als sie den Stern erblickt hatten und ihm gefolgt waren. Wo sonst als in der Hauptstadt Judas, wo Herrscher prunkvoll thronen und die Gelehrten zu Hause sind, musste der neue König das Licht der Welt erblicken? Doch sahen sich die Sterndeuter in ihrer Erwartung bitter enttäuscht. Hier in Jerusalem kannte man keinen neugeborenen König, nur einen alten, Herodes. Vor diesem Tyrannen zitterten alle. Die Schriftgelehrten, die dieser befragen ließ, fanden zwar den Geburtsort des versprochenen Messias heraus. Gleich haben sie die richtige Stelle parat (Micha 5,1), aber ihr immenses biblisches Wissen bleibt folgenlos. Sie verharren an Ort und Stelle, anstatt sich auch nach Bethlehem aufzumachen.

Ausgerechnet in dem kleinen, unbedeutenden Provinzort gelangen die Sterndeuter ans Ziel ihrer Sehnsucht. Im Unterschied zum machtbesessenen Herodes und den in ihrer Erkenntnis verharrenden Theologen scheuen sie den Weg ins Abseits von der großen Metropole nicht. Weitgereist, von hohem Ansehen und Bildung genieren sie sich nicht, den Stall zu betreten und vor einem Säugling niederzufallen. Ja, sie geraten bei seinem Anblick ins Staunen, ins Staunen über den Gott, der freiwillig so klein und verletzlich wird. Im Krippenspiel setzen die Weisen an dieser Stelle jedes Mal ihre Kronen ab, die Insignien ihrer Bedeutsamkeit. Sie benötigen sie nicht mehr. Was ihnen künftig Wichtigkeit verleiht, haben sie durch den Anblick des Kindes längst empfangen. In seiner Gegenwart braucht niemand mehr der Größte oder der Klügste zu sein. Von diesem ewigen Zwang und Drang ist er frei. Mit Herodes haben die Weisen daher ebenso abgeschlossen wie mit fruchtloser Gelehrsamkeit. Davon lassen sie sich nicht länger beeindrucken. Stattdessen ziehen sie »auf einem andern Weg« weiter. Und wir? Wir sind so frei und folgen ihnen.

Impulsfragen:

- Vor wem möchte ich nicht länger in falscher Ehrfurcht versinken?

- Welche Gestalt kann dieser »andere Weg« der Weisen in meinem Leben annehmen?

- Gold, Weihrauch und Myrrhe schenken die Weisen dem Kind – nicht pflichtgemäß, sondern selbstverständlich. Eins mit ihnen entdecke auch ich die Freiheit eines fröhlichen Gebers.

Gebet:

Großer Gott,
du bist gerne klein und machst dich gerne klein.
Locke mich zu dir und deiner Krippe.
Staunen lass mich darüber und anders als bisher weiterziehen.
Amen.

52

Aufbruch

PSALM 121

»ICH HEBE MEINE AUGEN AUF ZU DEN BERGEN. WOHER KOMMT MIR HILFE?«

Der 121. Psalm trägt die Überschrift »Wallfahrtslied«. Pilger, die zum Tempelberg Zion nach Jerusalem gezogen waren, beteten es, bevor sie wieder zurück in ihre Heimatorte aufbrachen. Eine lange Wegstrecke lag vor ihnen. In der Ferne sahen sie, wie sich das Bergland gefahrvoll um Jerusalem erhob und alles überragte. Am Altjahresabend, dem Übergang vom alten zum neuen Jahr hören wir diesen Psalm in unseren Gottesdiensten. Die Schwelle, an der wir dann stehen, macht uns deutlich, dass auch wir Pilger sind und unser Leben »ein Wandern zur großen Ewigkeit« ist (Gerhard Tersteegen). Die Jahre vergehen, mit zunehmendem Alter oft noch schneller. Aber im Flug der Zeit kommen wir zugleich dem Ziel unserer Wanderschaft immer näher. Wer dieses Wallfahrtslied zum Jahreswechsel betet, stellt sich diese doppelte Wahrheit erneut vor Augen.

Wie der Fromme auf dem Tempelberg wird er sich beim Ausblick auf den nun vor ihm liegenden Weg auch der Gefahren bewusst, die dabei auf ihn lauern. Die Berge, die er dann sieht, können sich sehr massiv vor ihm auftürmen: Berge voller Sorgen, ungelöster Konflikte oder boshaft gesonnener Menschen. »Woher kommt mir Hilfe?«, sprechen wir beklommen. Gut, wer so nach Geleit ausschaut, statt zu meinen, allein zurecht kommen zu müssen. Oft sind es nicht andere, die uns überfordern, sondern wir sind es, solange wir uns in fataler Weise an die Devise klammern: »Selbst ist der Mann – und die Frau!«

Wer hingegen mit diesem Pilger ruft, bleibt nicht ohne Antwort. »Meine Hilfe steht im Namen des HERRN, der Himmel und Erde gemacht hat« (V. 2), erwidert ihm nun der Priester auf sein banges Fragen. Sein persönliches Bekenntnis wird für den angsterfüllten Beter zur seelsorgerlichen Ermutigung. »Wir brauchen den Zuspruch der anderen und das Zeugnis der Glaubenden, die Begründung und Wegweisung aus anderem Mund« (Axel Kühner). Ihre Worte rufen uns hinein in die Schutzsphäre Gottes und stellen uns unter den Segen seiner Schöpfermacht. Sie lenken unseren Blick aus der Enge unserer Ängste in die Weite desjenigen, der Himmel und Erde gemacht hat. »Der Wolken, Luft und Winden gibt Wege Lauf und Bahn, der wird auch Wege finden, da dein Fuß gehen kann«, bekennt Paul Gerhardt im Sinne des Priesters (EG 361, Strophe 1). Im Fortgang des Psalms untermauert dieser seine Zusagen gegenüber dem Aufbrechenden. Auf jeden seiner Schritte gibt Gott acht (V. 3-8).

Freilich, diese wunderbaren Worte sind keine Lebensversicherung. Auch Menschen, die unter solchem Geleit gläubig aufgebrochen sind, haben Schaden genommen. Und trotzdem beten wir diesen Psalm. Denn uns ist genug gegeben, wenn uns seine Zusagen aus dem fesselnden Sog unserer Ängste herausreißen und aufbrechen lassen. Wir sehen die Berge und kennen ihre Gefahren. Aber wir weichen ihnen nicht aus, sondern setzen unsere Wanderschaft im Namen des HERRN fort, der Himmel und Erde gemacht hat.

IMPULSFRAGEN:

- Welche Berge sehe ich mit Furcht und Sorge vor mir?

- Den Zuspruch der Glaubensgeschwister – wo höre ich ihn?

- Ich sehe staunend die Weite des Himmels und die Tiefen der Erde. Gott hat sie erschaffen. Wo sonst sollte ich Hilfe suchen?

GEBET:

Schöpfer Himmels und der Erde,
du bist mein Schutz und Schirm von Jahr zu Jahr.
Ich bitte dich um dein Geleit. Hilf mir, erneut aufzubrechen.
Amen.